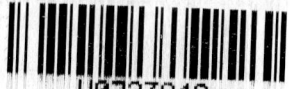

赵元 译注

袁艺文 绘

山海经

SHANHAI
JING

百绘卷

台海出版社

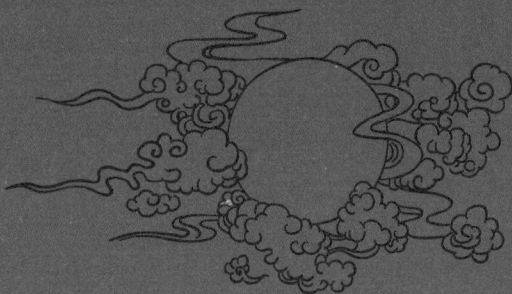

山海经。

SHANHAI
JING

百绘卷

赵元 译注
袁艺文 绘

台海出版社

目录

卷　九·海外东经　231
卷　十·海内南经　241
卷十一·海内西经　249
卷十二·海内北经　257
卷十三·海内东经　267
卷十四·大荒东经　271
卷十五·大荒南经　279
卷十六·大荒西经　287
卷十七·大荒北经　299
卷十八·海　内　经　305

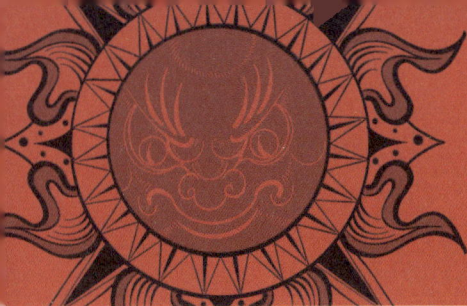

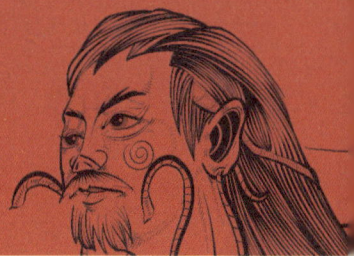

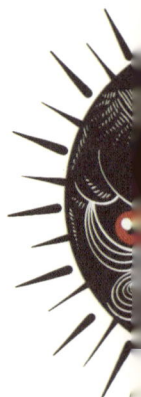

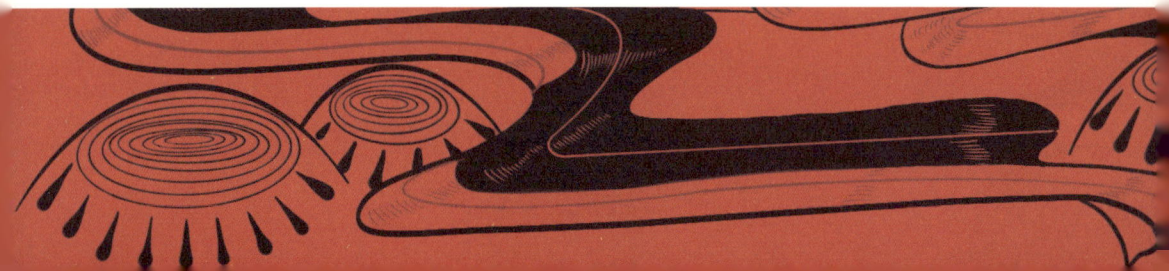

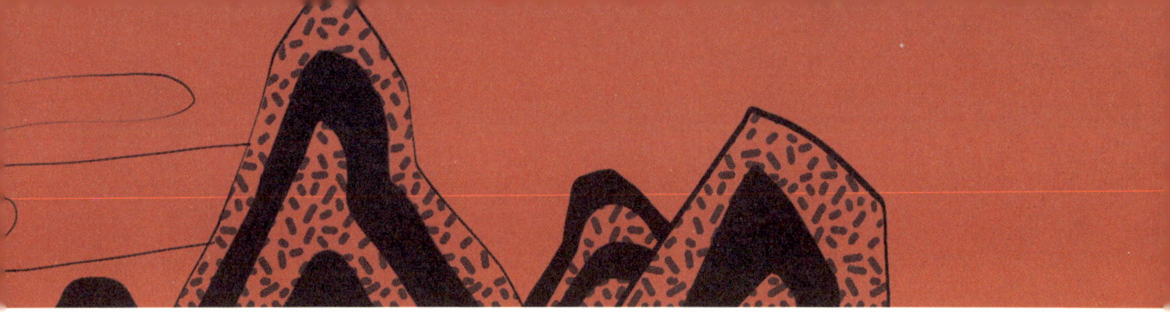

目录

序言 001
卷一·南山经 007
卷二·西山经 047
卷三·北山经 093
卷四·东山经 141
卷五·中山经 159
卷六·海外南经 183
卷七·海外西经 201
卷八·海外北经 217

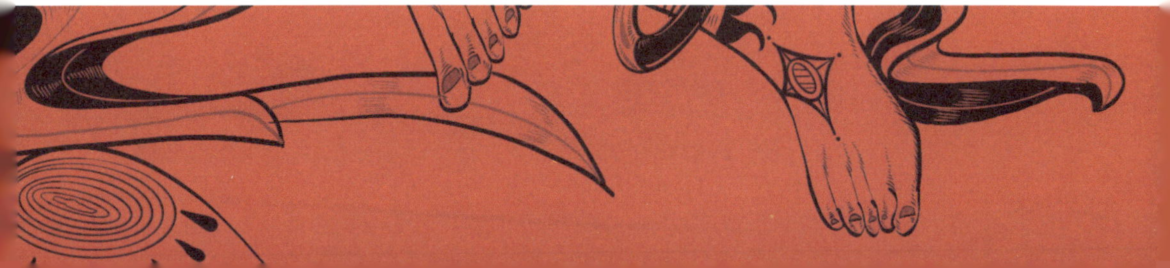

猾褢 032
蛊雕 035
瞿如 036
虎蛟 039
凤皇 040
鱄鱼 043
颙鸟 044

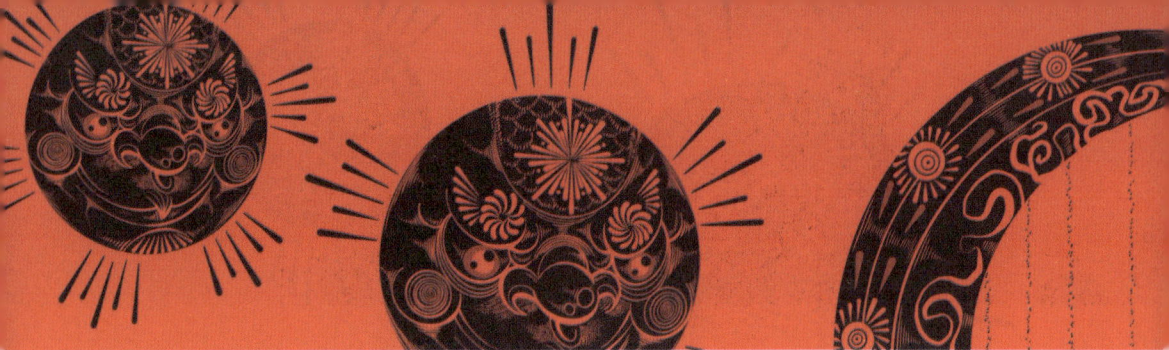

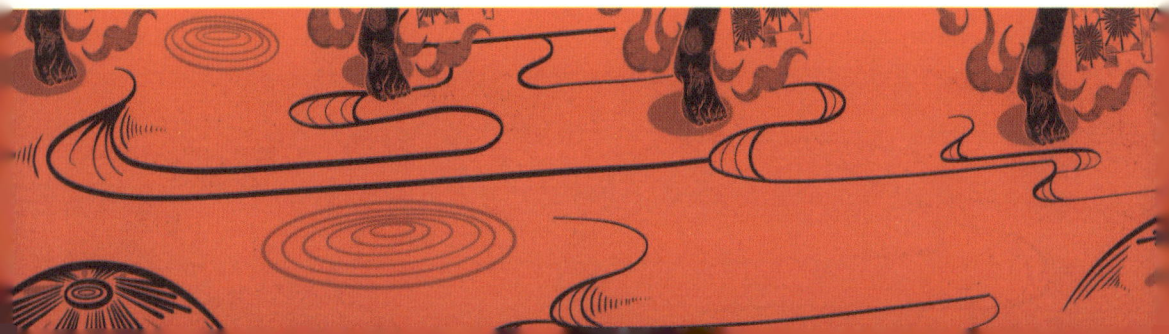

卷一·南山经

鹿蜀 010
旋龟 011
鯥 014
猼訑 017
鵸鵌 018
九尾狐 022
赤鱬 023
狸力 027
鴸 028
长右 031

西王母 071
狡 072
白帝少昊 075
帝江 076
讙 079
神槐 080
驳 083
穷奇 084
蠃鱼 087
絮魮鱼 088
孰湖 091

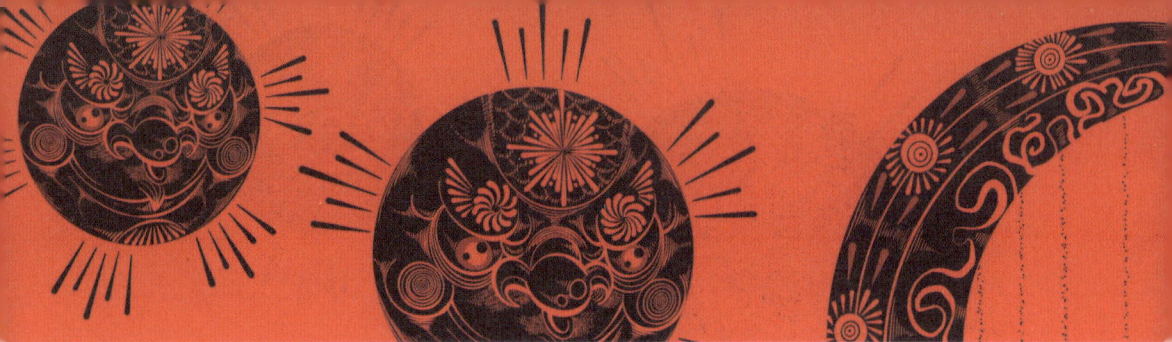

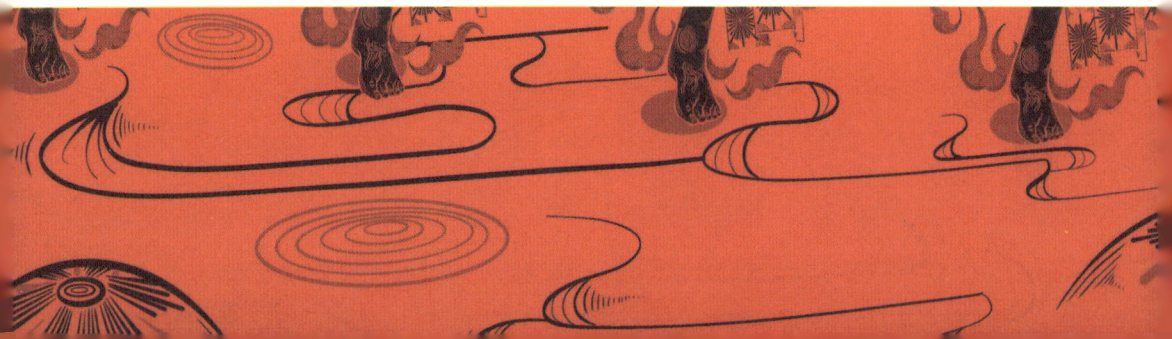

卷二·西山经

肥𧔥 048
谿边 051
玃如 052
㸲 055
蛮蛮 056
大鹗 059
文鳐鱼 060
英招 063
土蝼 064
钦原 067

鮨鱼 118
肥遗 121
狍鸮 122
独浴 125
嚣 126
䮝 129
天马 130
精卫 133
䍶䍶 134
獂 137
马身人面神 138

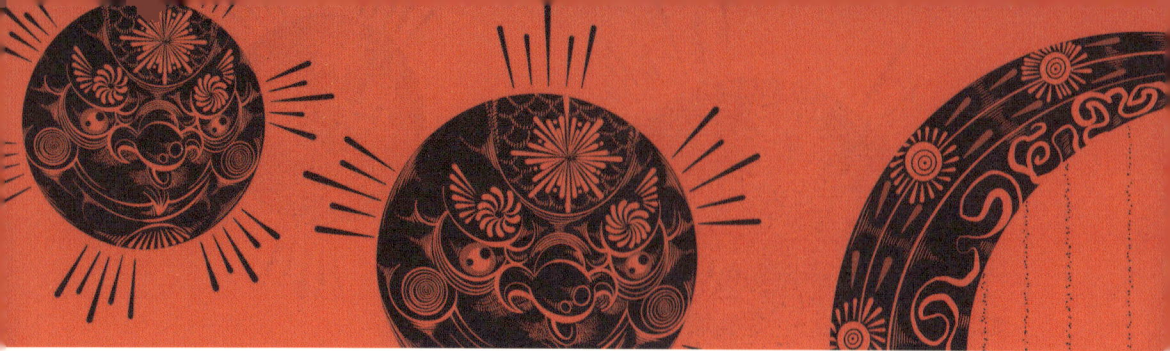

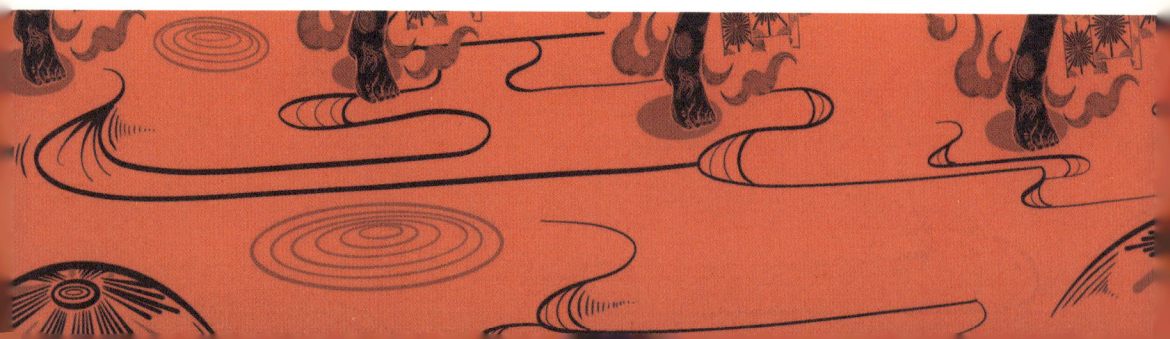

卷三·北山经

䑏疏 094
儵鱼 097
何罗鱼 098
孟槐 101
鳛鳛鱼 102
耳鼠 105
幽鴳 106
诸犍 109
竦斯 110
长蛇 113
窫窳 114
诸怀 117

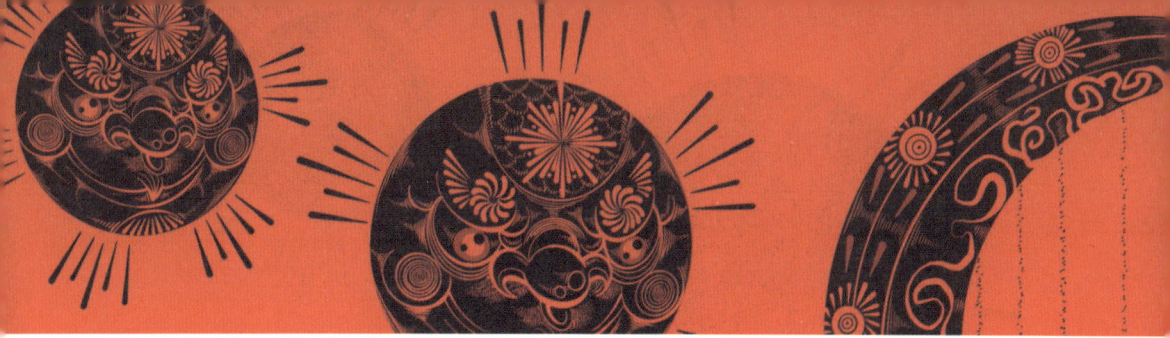

卷五·中山经

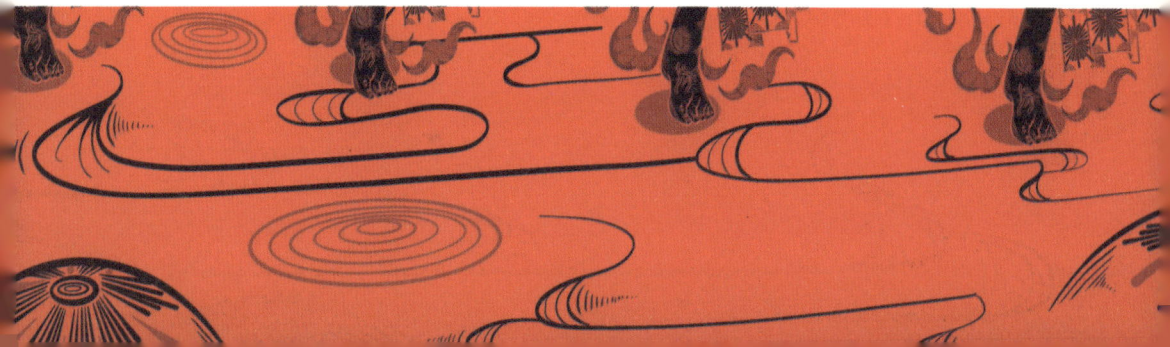

化蛇 160
武罗神 163
獺 164
䳋鸟 167
骄虫 168
三足龟 171
蟲围 172
计蒙 175
跂踵 176
獜 179
于儿神 180

卷四·东山经

狪狪 142
犰狳 145
獙獙 146
峳峳 149
鮯鮯鱼 150
茈鱼 153
合窳 154
蜚 157

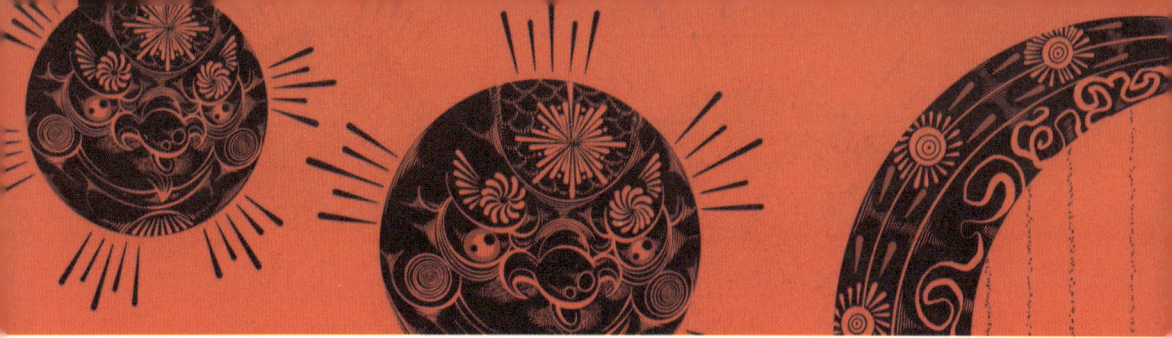

卷七·海外西经

夏后启 203
奇肱国 204
刑天 207
并封 209
轩辕国 210
乘黄 213
蓐收 214

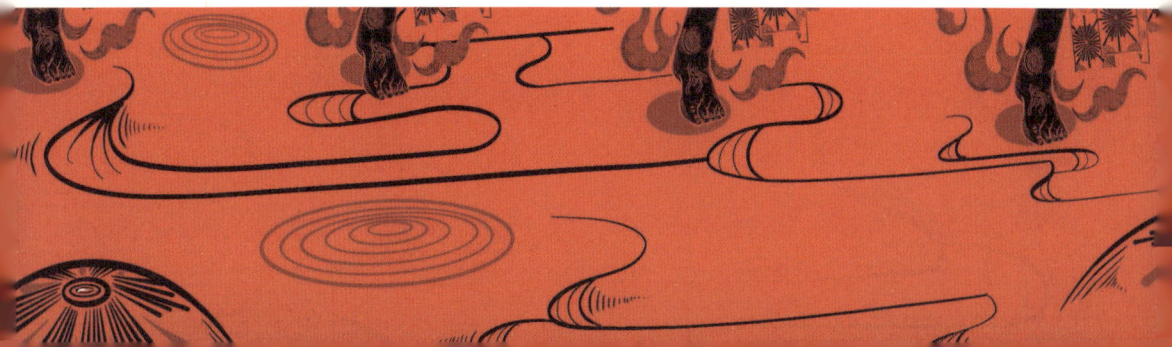

卷六·海外南经

比翼鸟 185
二八神 189
讙头国 190
厌火国 193
交胫国 194
羿射杀凿齿 197
祝融 198

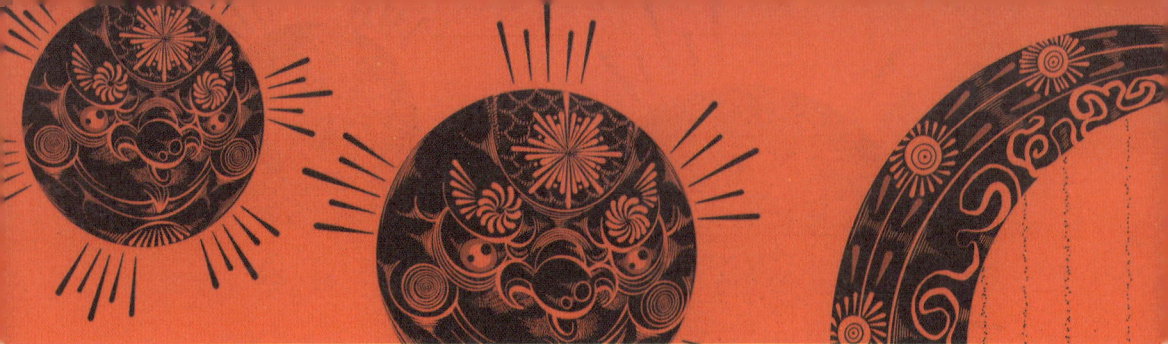

卷十·海内南经

枭阳国 242
兕 245
巴蛇 246

卷十一·海内西经

贰负之臣曰危 250
开明兽 253
三头人 254

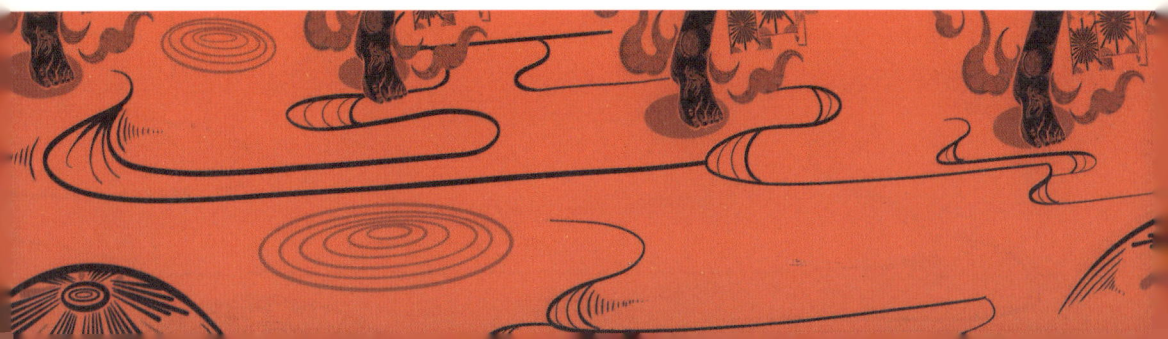

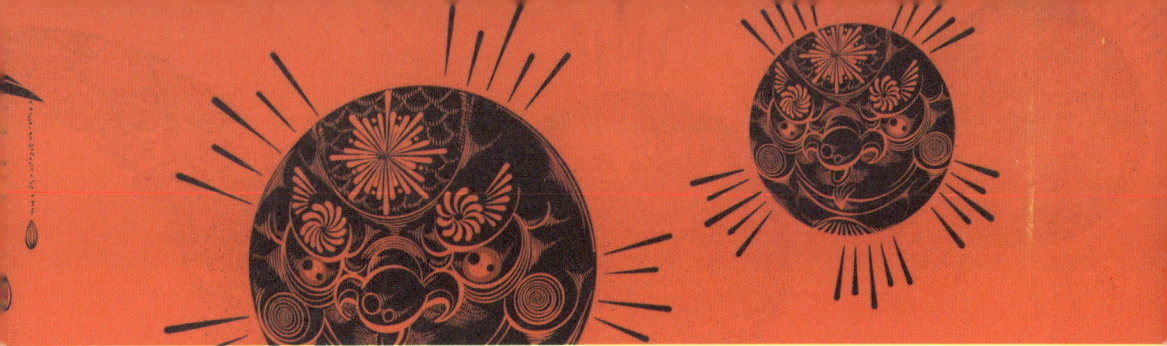

卷八·海外北经

烛阴 219
相柳 220
聂耳国 222
夸父 227
禺彊 229

卷九·海外东经

奢比尸 232
君子国 235
天吴 236
雨师妾 239

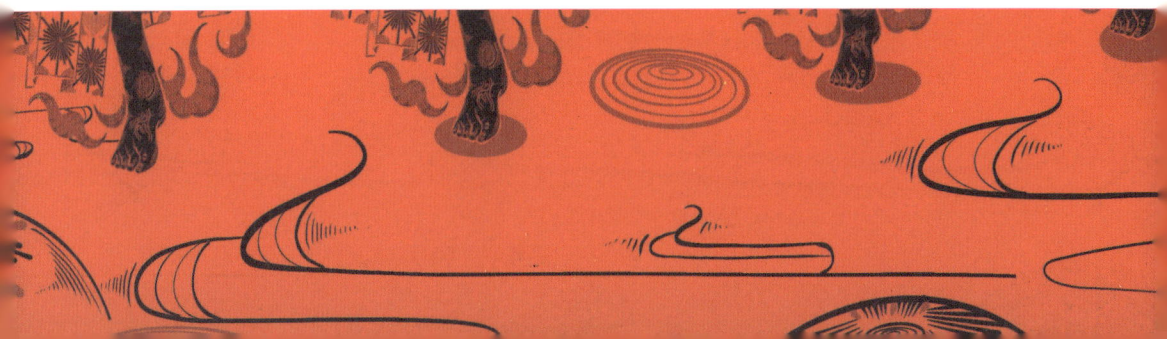

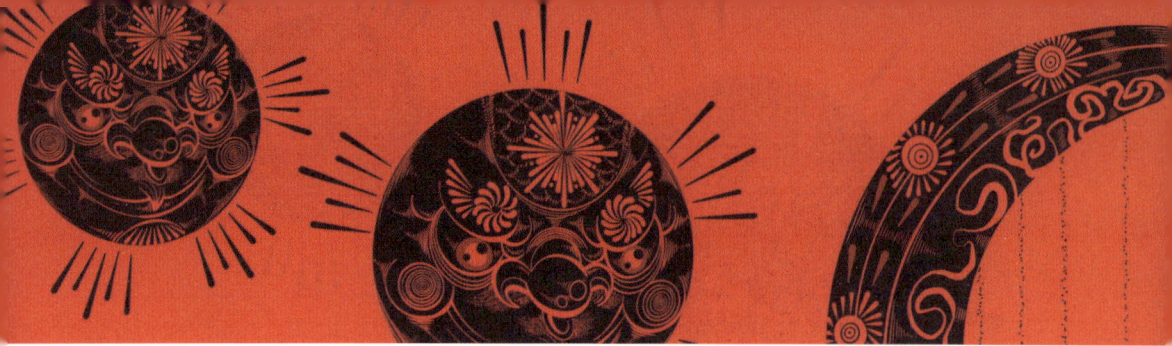

卷十四・大荒东经

大人国 小人国 273
禺虢 274
夔 277

卷十五・大荒南经

跊踢 280
羽民国 283
羲和 284

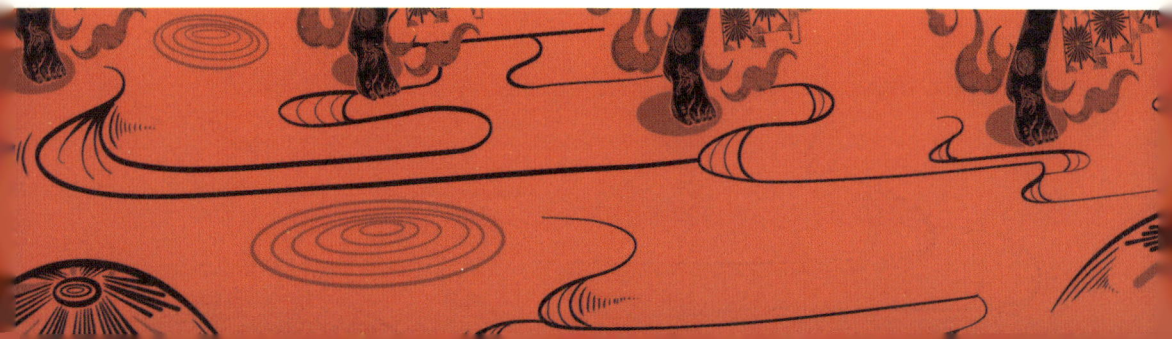

卷十二·海内北经

三青鸟 259
穷奇 261
袜 262
蓬莱 265

卷十三·海内东经

雷神 268

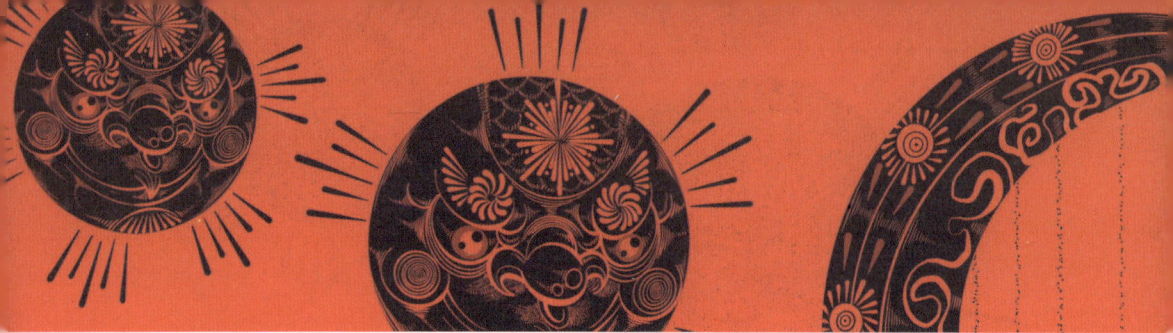

卷十八·海内经

韩流 306
钉灵国民 309
噎鸣 310
鲧治水 313

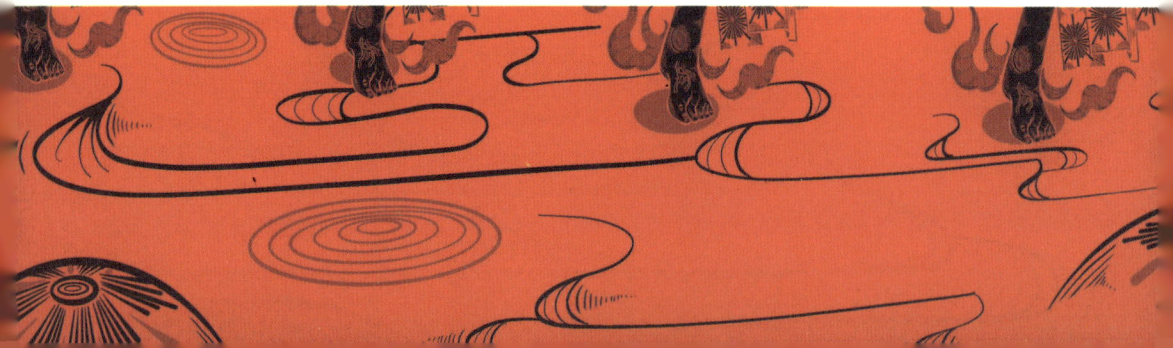

卷十六·大荒西经

不周山 291
女娲之肠 293
沃野 294
常羲浴月 297

卷十七·大荒北经

九凤 300
魃 303

序言

我们应如何理解《山海经》中的“怪”？

既好像惊涛拍岸，又宛如遥远幽谷的空旷回音，《山海经》行文语境的回环萦绕总给人迷炫、瑰丽又玄奥、惊异的震惊感。这震惊感不是由一个具体事物带来的，而是由无数繁复而奇特的事物合成的场域所营造的。在具体的有关动植物、矿产、山川河流及天文历法的自然知识和神话传说的背后，体现的是一种原始的宗教关怀和人文关怀所合成的伟力及深藏的朴素而执拗的哲学眼光。

《山海经》的叙述，好似印象式的，因跳跃而简约，又显沉重而阻滞。凭直觉可见，观看的震惊来自被观看者的怪异。怪山、怪水、怪兽、怪鸟、怪鱼、怪物产、怪事、怪现象，还有奇怪的神祇传说，但实际上也反映出上古时代人对于外部世界和自然存在认知的吃力，于是这背后体现出一个——就像现在的人们常说的那种——怪人。这个叙述者“怪人”因为认知的艰涩而总显得惊骇连连，悚惧不已。

自古读书人以“泛览《周王传》，流观《山海图》”（陶渊明句）

为阅读乐事，而《山海经》所具有的吸引魅力就在于它蕴含的惊异：首先，它的叙述本身充满惊骇的激情；其次，它令读者惊诧和骇然。除了作为动植物学、地理天文学、医学、巫术、神话学等源头，从总体上看，《山海经》的整体语境更可谓是留给后世的巨大谜团，也恰是它充满启示性的玄奥之处。

站在现代科学分科的视野去回溯审观，更有助于领会《山海经》当中那种把具象事物与宇宙洪荒的广阔精神直接联系在一处的认知格局或心理践行格局，这背后体现出的精神气象既有原始宗教性质，也有原始政治性质。我们今天解读《山海经》，认识到这个层面，才可能在了解其动植物、地理、天文、医学、占卜等具体知识点的前提下，更进一步探索其谜团的可能性。

《山海经》究竟是一部什么样的书？就这个问题，它历来是审问所有古籍时最令人费解、不知所云的一个，但它所提供的阐释空间，无论从务虚的角度，还是务实的角度，皆为最广阔的。《山经》是巫师的祷词，还是政权徽章或旗帜上的标志描绘？《海外经》是地上的异域远国，还是天上的星曲？它的资源意识及版图观念怎样赋予了它瑰丽又奇异的色彩？而古往今来，天南地北的研究者，这位说它的侧重在巴蜀，那位说它的根基在东方，又有说它的观象台位于中原，还有言其以非洲大陆或澳洲或美洲为中心，真可谓众说纷纭，莫衷一是。

后世人们撰写这部古籍主要强调了两个观点：其一，它可能是我国最早的诸神谱系，对后世的天文历法、神话历史、政治理念都影响深远。其二，它的山神驻地或观象台格局所反映出的以自我为中心的世界方位观，乃是我国最根本的哲学根基。

实际上《山海经》很可能是中国古籍当中关于神人来历的最早记述，里面尚无情节演绎的成分，这一点颇类似古希腊时期的阿波罗多洛斯所著的《希腊神话》一书（周作人曾翻译并推荐），后者即比较平实简练地记录了民族神话源头处诸神的谱系。

与阿波罗多洛斯的《希腊神话》相比，《希腊神话》只清楚地记述了诸神家族的历代繁衍和权争起落的故事，神祇们的人格相对丰满。而《山海经》的内容却是杂糅的，里面在对地理、天文的自然知识进行阐述时，除了运用神话的想象，还显露出宗教与政治思想的雏形或潜藏的用意痕迹。此外，《山海经》叙述语言也是颇为隐晦的，其中《大荒经》还隐藏着文字密码的形式，而女娲、伏羲等创世神话和三皇五帝的记载，以及对天文历法家族的介绍，都留有很大的互文印证的空间和供联想推测的余地，一半让迷惑者领会，一半则对倾听者隐藏。如果说《希腊神话》以人格化的诸神家族的命运故事为主线，那么《山海经》之所以把各门类的知识全都囊括在内，目的就在于建构一幅世界的全景。而将一幅世界全景图囊括胸中乃是古代中国人建立世界观的前提。

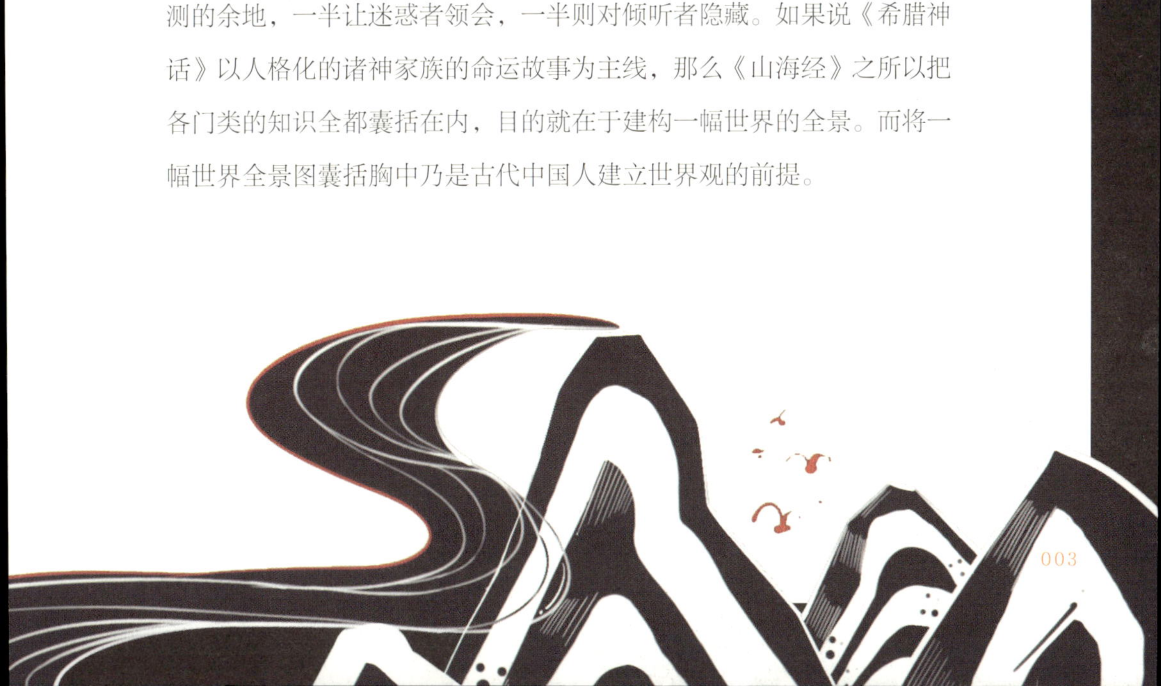

尽管《山海经》的内容是隐晦的、杂糅的，但综观其总体，它所体现出的观看世界的哲学却可谓朴素、清明而执拗，那就是，从一个观象的中心出发。古代乃至今天沿袭下来的各山区村落的山神祭祀活动，都规划出一个空间为想象中的山神所在地，形成社祭的根本形式。这可能是在指定的一棵树下，也可能在一个山坡上，也可能在一处水畔旁，标识它的可以简单至一片布条，或一块横板架起的案台。而这里，这个标识的地方，就是这方地的庇护神灵所在，其踪迹或灵魂的所在。于是围绕在这里的祭祀活动因这一空间而显灵，给予一方民众以信念、安抚和镇定。而总览《大荒经》及其衍生版本《海外经》，其整体叙述背后存在着一个观看的中心，可以谓之——观象台。对整个世界的观看就从这里出发，无论将目光投向海内的版图，还是世界的边缘，还是大荒之外的天边。而这个观看的中心，也成为传统中国最根本的哲学出发点。

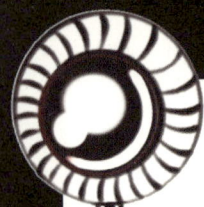

笔者遂感叹，有了这个中心，古代的中国人便不需要一神论了。西方在远古时期由摩西谛听耶和华从上天传下的神谕，创立一神教，即《旧约》基督教；而中国古人从一个中心出发进行观看的观念，遂令他们就此获得精神攒聚的清明意志。古希腊的哲学奠基人苏格拉底说“认识你自己”，而中国人认识自己的方式乃是首先通过观看周围的整个世界，也就是整体论的观念的体现。

整体论观念虽然可能产生因追求完整性以至于对目标本身视而不见

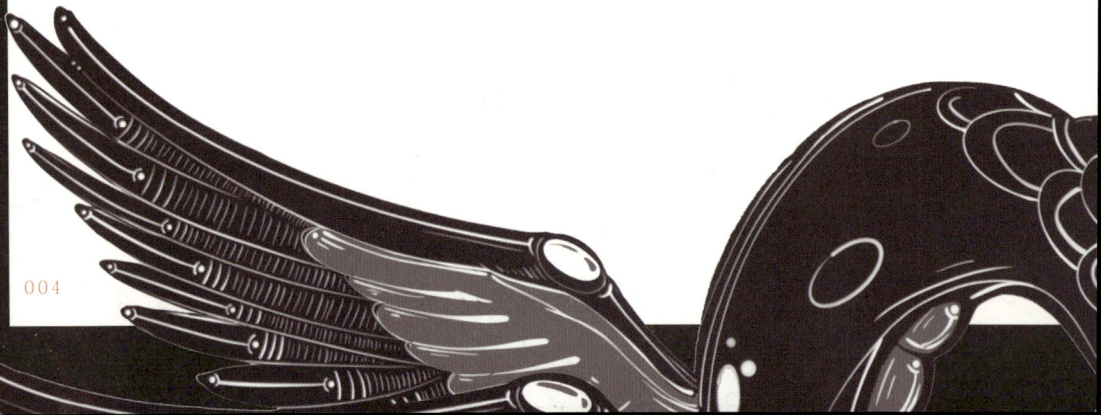

的偏颇，显得温暾而缺乏锐性，在一定历史阶段遭受过指责，还被认为其以中心自居的自满姿态限制了对异己他者开放的认知，但从以自我的处位为中心的全景式观看，也树立了认知主体的牢固根基，避免了偏激的破坏性，很多时候意味着看似淡漠却积极稳健的态度。中国在全世界近代以来的现代化国家当中，却是对应变冲击反应最大、变革最为砥砺彻底的国家之一，这页历史与以自我为中心对外界进行观看的方式以及对世界的圆满性的孜孜渴求的内在品质恐怕不无关联。

尽管思想结构玄奥而复杂，《山海经》的书写却极具审美性，叙述是印象式的，想象自由，不拘于虚实，很多段落采用韵文的语言，趣味横生，生机盎然。譬如，其中所述槐江山周边的景象，就跟秦末被付之一炬的阿房宫一样，虽然消失得杳然，却最体现上古时期的乐园想象，投射出人类在心灵之爱的史前时期的天真与神奇。

而我们再次将《山海经》的简缩本推献给读者，以供充实闲暇，扩展眼界，以求中华传统文化的光彩长相焕耀。本普及性简缩版本的解读部分，吸收了一些古今《山海经》研究者的宝贵学术成果，包括老一辈学者吕子方、袁珂先生，当代研究者刘宗迪、吴晓东先生等，在此深致谢忱。

笔者赵元及编者同人
写于庚子年冬

卷一 · 南山经

鹿蜀

又东三百七十里，曰杻（音纽）阳之山。其阳多赤金，其阴多白金。有兽焉，其状如马而白首，其文如虎而赤尾，其音如谣，其名曰鹿蜀，佩之宜子孙。

【译】

再往东三百七十里为杻阳山。山的南面盛产铜，山的北面盛产银。山中有兽，形状像马脑袋是白色的，身上的斑纹像老虎的斑纹而尾巴是红色的，它发出的声音就像人唱歌。它的名字叫鹿蜀，佩戴鹿蜀的皮毛可使子孙兴旺。

旋龟

怪水出焉，而东流注于宪翼之水。其中多玄龟，其状如龟而鸟首虺尾，其名曰旋龟，其音如判木，佩之不聋，可以为底。

【译】

怪水从这座山流出，向东注入宪翼之水，水中有很多赤黑色的龟，样子像普通的龟却长着鸟的头和毒蛇的尖尾巴，名字叫旋龟，发出的声音像劈木头的声音。佩戴其甲骨，可使人耳不聋，还可以治疗脚底的厚茧。

鯥

又东三百里，曰柢（音底）山。多水，无草木。有鱼焉，其状如牛，陵居，蛇尾有翼，其羽在魼（音区）下，其音如留牛，其名曰鯥（音陆），冬死而夏生。食之无肿疾。

【译】

再往东三百里，有座柢山。山里有很多水资源，不生长草木。水中有鱼，样子如牛，栖息在山坡上，长着蛇一样的尾巴，有翅膀，而翅膀长在肋下，它的声音像留牛，名为鯥，冬天蛰伏而夏天复苏。人吃了它的肉可不患皮肉臃肿的疾病。

猼訑

又东三百里，曰基山。其阳多玉，其阴多怪木。有兽焉，其状如羊，九尾四耳，其目在背，其名曰猼訑（音博仪），佩之不畏。

【译】

再往东三百里，有座基山。山的南面盛产玉石，北面有很多神奇的怪树。山中有兽，样子如羊，长着九条尾巴和四只耳朵，眼睛则长在背上，名字叫猼訑，人取其皮毛佩戴于身，就不会恐惧。

⿰尚鳥⿰付鳥

有鸟焉，其状如鸡而三首六目、六足三翼，其名曰⿰尚鳥⿰付鳥（音厂夫），食之无卧。

【译】

与猼訑同在山中的，还有一种鸟，形状像鸡却长着三个脑袋、六只眼睛、六只脚、三只翅膀，名叫⿰尚鳥⿰付鳥。人吃了它的肉则精神亢奋不想睡觉。

九尾狐

又东三百里，曰青丘之山。其阳多玉，其阴多青雘（音获）。有兽焉，其状如狐而九尾，其音如婴儿，能食人，食者不蛊。

【译】

再往东三百里，为青丘山。山的南面盛产玉石，山北出产很多青雘矿石。山中有兽，外貌像狐狸而长着九条尾巴，发出的声音像婴儿，能吃人。但倘若人吃了它的肉，就可以不被邪气迷惑和毒害。

赤鱬

英水出焉，南流注于即翼之泽。其中多赤鱬（音如），其状如鱼而人面，其音如鸳鸯，食之不疥。

【译】

英水从这座山（即上文的青丘山）流出，然后向南注入即翼泽。泽中有很多赤鱬，样子是普通的鱼却长着如同人的面孔，发出的声音如同鸳鸯的叫声。人吃了它的肉则不生疥疮。

狸力

南次二山之首，曰柜山，西临流黄，北望诸䚳，东望长右。英水出焉，西南流注于赤水，其中多白玉，多丹粟。有兽焉，其状如豚，有距，其音如狗吠，其名曰狸力。见则其县多土功。

【译】

南方第二山系的首座山，为柜山，西接壤流黄国，向北可以望见诸䚳山，向东可以望见长右山。英水从这座山发源，向西南奔流注入赤水，水中有很多白玉，还有很多粟粒一样的细丹砂。有一种兽，体形如小猪，还像雄鸡一样在腿的后面长有突出脚趾的部位，声音像狗叫，名为狸力。如若有人看见它，这个县城就会有很多破土动工的大工程。

鴸

有鸟焉，其状如鸱而人手，其音如痺（音卑），其名曰鴸（音朱），其名自号也，见则其县多放士。

【译】

山中有鸟，样子像鹞鹰，却长着如同人手一样的爪子，声音如同鹌鹑，它的名字叫作鴸，发出的鸣叫声就跟它的名字一样。如果县里有人看见它，那么这个县就会有很多才智之士被流放。

长右

东南四百五十里，曰长右之山，无草木，多水。有兽焉，其状如禺而四耳，其名长右，其音如吟。见则其郡县大水。

【译】

往东南四百五十里，有座长右山，山上不生草木，有很多水域。有一种兽，它的样子像猿猴而有四只耳朵，名字叫长右，声音则像呻吟声。有人看见它，这个郡县就会发大水。

猾褢

又东三百四十里，曰尧光之山。其阳多玉，其阴多金。有兽焉，其状如人而彘鬣，穴居而冬蛰，其名曰猾褢（音怀），其音如斫木，见则县有大繇。

【译】

再往东三百四十里，有座尧光山，山南盛产玉石，山北盛产金属矿。山中有兽，体形像人，身上却长着鬃毛，居住在洞穴里，冬天要冬眠，名字则为猾褢，叫声如同在劈砍木头。如若有人看见它，这个县则要有繁重的徭役。

猾

蛊雕

又东五百里，曰鹿吴之山。上无草木，多金石。泽更之水出焉，而南流注于滂水。水有兽焉，名曰蛊雕，其状如雕而有角，其音如婴儿之音，是食人。

【译】

再往东五百里，有座鹿吴之山。山上没有花草树木，但有很多金属矿石。泽更水发源于这座山，向南流注入滂水。水中有一种兽，名叫蛊雕，它的样子像雕却头上长角，发出的声音如同婴儿，却能吃人。

瞿如

南次三山之首，曰天虞之山。其下多水，不可以上。

东五百里，曰祷过之山，其上多金玉，其下多犀、兕、多象。有鸟焉，其状如䴔，而白首、三足、人面，其名曰瞿如，其鸣自号也。

【译】

南方第三列山系的第一座山，叫天虞山。山下到处是水流，难以攀爬上去。

从天虞山往东五百里，有座祷过山，山上富含金属矿和玉石，山下到处是犀、兕，还有很多大象。山里有一种鸟，样子如同鹭，却长着白色的脑袋、三只脚和如同人般的面孔，名叫瞿如，鸣叫声就跟它的名字一样。

虎蛟

泿（音银）水出焉，而南流注于海。其中有虎蛟，其状鱼身而蛇尾，其音如鸳鸯。食者不肿，可以已痔。

【译】

泿水发源于祷过山，然后向南流淌注入大海。水中有虎蛟，样子乃是鱼的身子却拖着一条蛇形尾巴，叫声如同鸳鸯鸟。吃了它的肉能使人不生痈肿病，还可以治愈痔疮。

凤皇

又东五百里，曰丹穴之山。其上多金玉。丹水出焉，而南流注于渤海。有鸟焉，其状如鸡，五采而文，名曰凤皇，首文曰德，翼文曰义，背文曰礼，膺文曰仁，腹文曰信。是鸟也，饮食自然，自歌自舞，见则天下安宁。

【译】

再往东五百里，有座丹穴山。山上有很多金属矿石和玉石。丹水从这里流出，向南流注入渤海。有一种鸟，样子像鸡，身着五彩之衣还长着花纹，名叫凤凰。它头上的花纹呈现出『德』字，翅膀上的花纹呈现的是『义』字，背上是『礼』字，胸上是『仁』字，肚子上则是『信』字。这种鸟，吃东西时从容不迫，喜欢自己唱歌跳舞。只要它一出现，则象征着天下安宁太平。

鱄鱼

又东五百里，曰鸡山。其上多金，其下多丹雘。黑水出焉，而南流注于海。其中有鱄（音团）鱼，其状如鲋而彘毛，其音如豚。见则天下大旱。

【译】

再往东五百里，有座鸡山。山上多金属矿石，山下盛产丹雘（红色的可做颜料的矿物）。黑水发源于此山，向南注入大海。水中有鱄鱼，它的体形如鲫鱼，却长着猪毛，声音也像小猪。要是有人看见它，则预示着天下大旱。

颙鸟

又东四百里，曰令丘之山，无草木，多火。其南有谷焉，曰中谷，条风自是出。有鸟焉，其状如枭，人面四目而有耳，其名曰颙（音余），其鸣自号也，见则天下大旱。

【译】

再往东四百里，有座令丘山，不生长花草树木，却常喷火焰。山的南边有峡谷，叫中谷，春天时东北风从这里吹出。有一种鸟，样子像猫头鹰，却长着如同人般的脸、有四只眼睛而且有耳朵。它的名字叫颙，发出的叫声和它的名字相同。它一出现则预示天下大旱。

卷二·西山经

肥𧔥

又西六十里，曰太华之山，削成而四方。其高五千仞，其广十里，鸟兽莫居。有蛇焉，名曰肥𧔥（音畏），六足四翼，见则天下大旱。

【译】

再往西六十里，有座太华山，像刀削斧砍而成，呈四方形。它的高度足有五千仞，宽十里，鸟兽都无法在里面居住。山中有一种蛇，名叫肥𧔥，长着六只脚、四只翅膀。只要它一出现，则预示天下大旱。

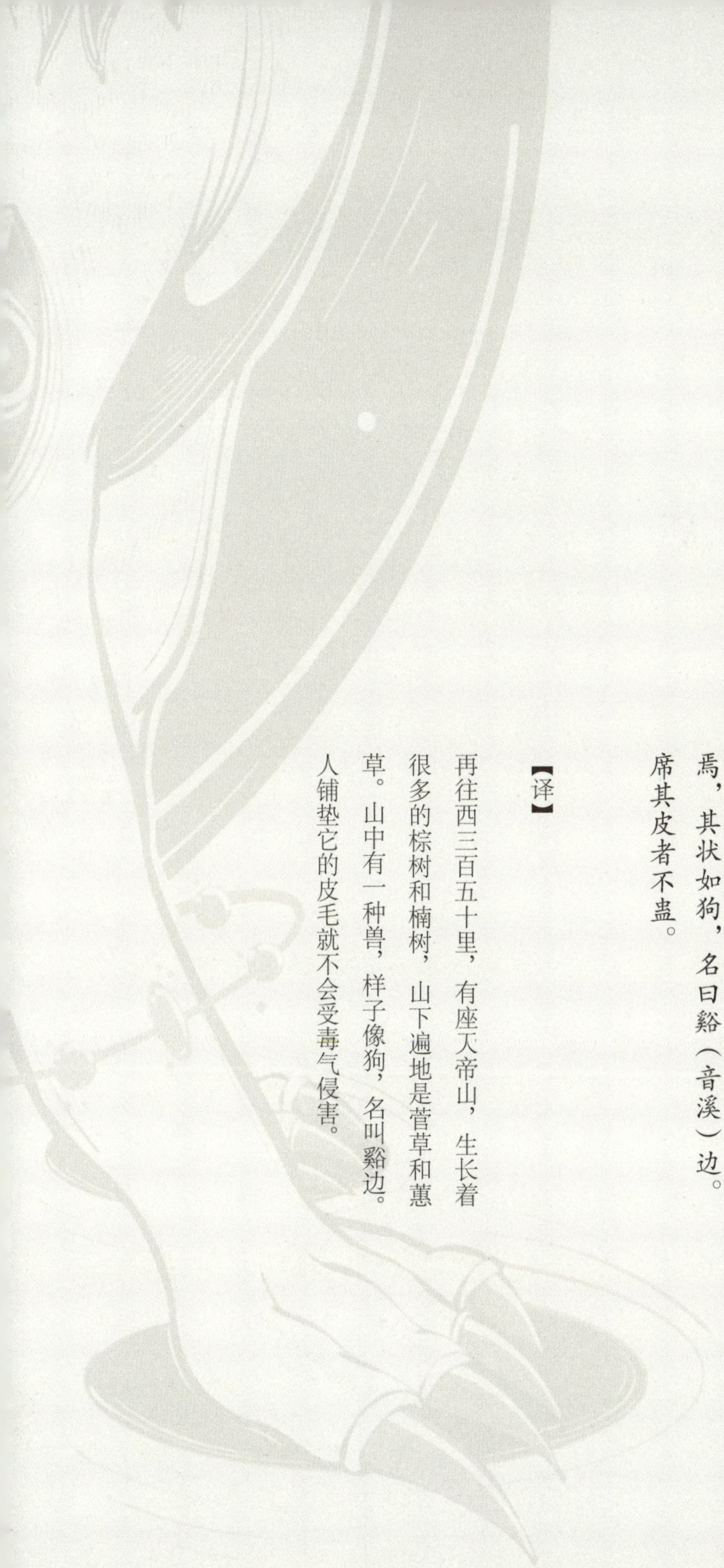

谿边

又西三百五十里，曰天帝之山，上多棕楠，下多菅（音尖）蕙。有兽焉，其状如狗，名曰谿（音溪）边。席其皮者不蛊。

【译】

再往西三百五十里，有座天帝山，生长着很多的棕树和楠树，山下遍地是菅草和蕙草。山中有一种兽，样子像狗，名叫谿边。人铺垫它的皮毛就不会受毒气侵害。

玃如

西南三百八十里，曰皋涂之山。蔷水出焉，西流注于诸资之水；涂水出焉，南流注于集获之水。其阳多丹粟，其阴多银、黄金。其上多桂木。有白石焉，其名曰礜（音玉），可以毒鼠。有草焉，其状如藁茇（音拔），其叶如葵而赤背，名曰无条，可以毒鼠。有兽焉，其状如鹿而白尾，马脚人手而四角，名曰玃（音决）如。

【译】

往西南三百八十里，有座皋涂山。蔷水发源于此，向西奔流注入诸资之水。涂水也发源于此，向南流注入集获之水。山南面到处是粟粒大小的丹砂，山北面盛产银和黄金。山上到处是桂树。山中有一种白色石头，名为礜，可以用来毒死老鼠。山中生长有一种草，形状像藁茇，叶子像葵菜而背面是红色的，名叫无条，也可以用来毒死老鼠。山中有兽，体形像鹿而尾巴是白色的，长着马一样的蹄子、人一样的手和四只角，名字叫玃如。

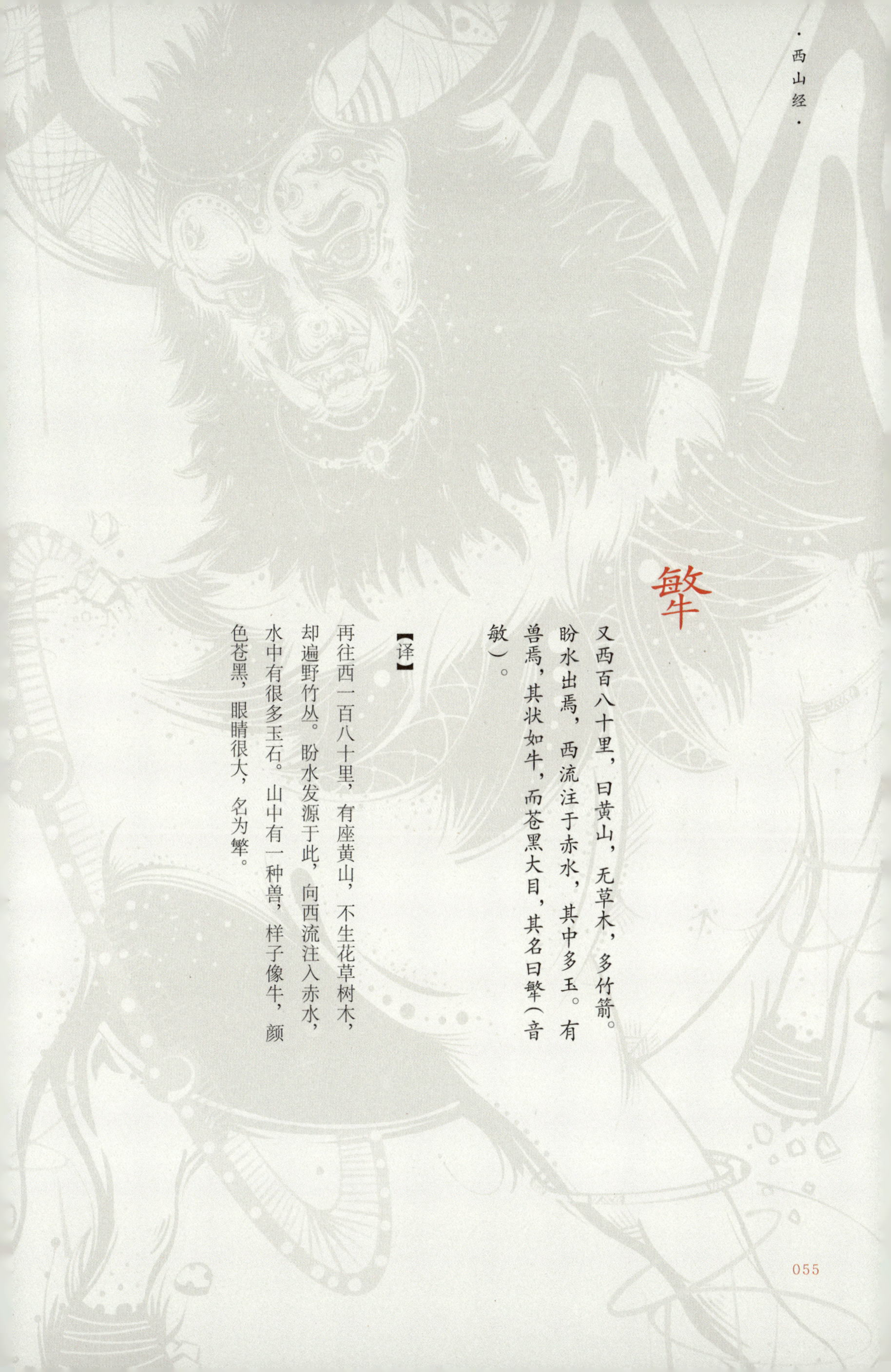

⿱敏牛

又西百八十里，曰黄山，无草木，多竹箭。盼水出焉，西流注于赤水，其中多玉。有兽焉，其状如牛，而苍黑大目，其名曰⿱敏牛（音敏）。

【译】

再往西一百八十里，有座黄山，不生花草树木，却遍野竹丛。盼水发源于此，向西流注入赤水，水中有很多玉石。山中有一种兽，样子像牛，颜色苍黑，眼睛很大，名为⿱敏牛。

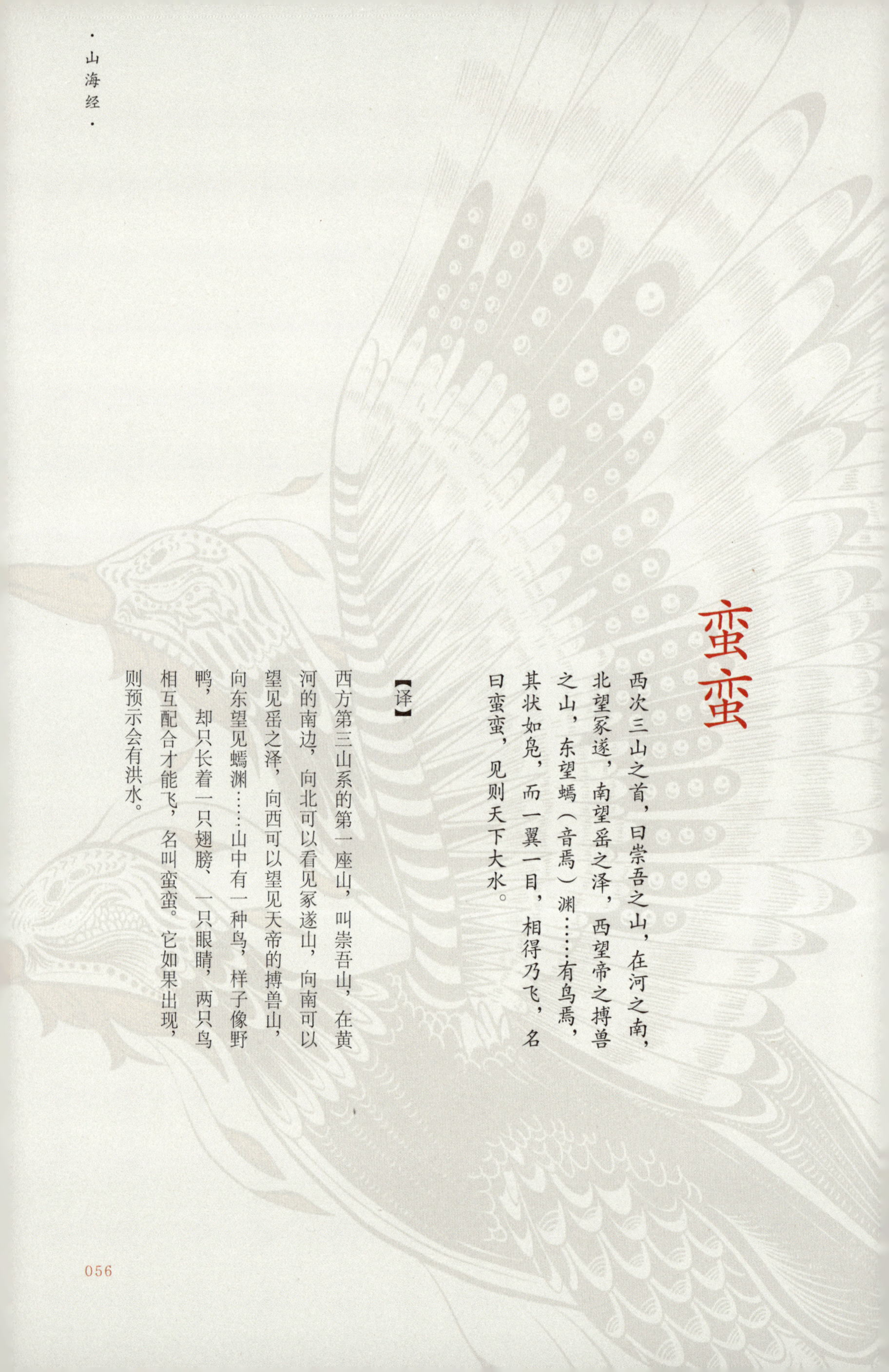

蛮蛮

西次三山之首，曰崇吾之山，在河之南，北望冢遂，南望䍃之泽，西望帝之搏兽之山，东望蟱（音焉）渊……有鸟焉，其状如凫，而一翼一目，相得乃飞，名曰蛮蛮，见则天下大水。

【译】

西方第三山系的第一座山，叫崇吾山，在黄河的南边，向北可以看见冢遂山，向南可以望见䍃之泽，向西可以望见天帝的搏兽山，向东望见蟱渊……山中有一种鸟，样子像野鸭，却只长着一只翅膀、一只眼睛，两只鸟相互配合才能飞，名叫蛮蛮。它如果出现，则预示会有洪水。

大鹗

又西北四百二十里，曰钟山，其子曰鼓，其状人面而龙身，是与钦䲹（音皮）杀葆江于昆仑之阳，帝乃戮之钟山之东曰䍃（音摇）崖。钦䲹化为大鹗，其状如雕而墨文白首，赤喙而虎爪，其音如晨鹄（音胡），见则有大兵；鼓亦化为鵕（音俊）鸟，其状如鸱，赤足而直喙，黄文而白首，其音如鹄。见则其邑大旱。

【译】

再往西北四百二十里，有座钟山，钟山山神的儿子叫鼓，他长着人的面孔、龙的身体，曾与钦䲹神在昆仑山南面杀死天神葆江，于是天帝在钟山东面的䍃崖将他们杀死。钦䲹化为大鹗，样子像雕，长着黑斑纹、白脑袋、红尖嘴和老虎爪，发出的叫声如晨鹄，它在哪里出现哪里就会爆发大战事；鼓化成了鵕鸟，形状像鹞鹰，长着红色的脚和直直的嘴，身上有黄色斑纹，脑袋是白色的，发出的声音如天鹅，它在哪个县邑出现哪个县邑就会发生大旱灾。

文鳐鱼

又西百八十里，曰泰器之山，观水出焉，西流注于流沙。是多文鳐鱼，状如鲤鱼，鱼身而鸟翼，苍文而白首赤喙，常行西海，游于东海，以夜飞。其音如鸾鸡，其味酸甘，食之已狂，见则天下大穰。

【译】

再往西一百八十里，有座泰器山，观水从这里发源，向西流注入流沙。水中有很多文鳐鱼，样子像鲤鱼，长着鱼的身子和鸟的翅膀，还有青色的斑纹、白色脑袋和红色鸟嘴，常常从西海往东海畅游，凭着夜色飞行。它的声音像鸾鸡，肉则味酸带甜，人吃了它的肉可治好癫狂病。它一出现则预示会出现大丰收。

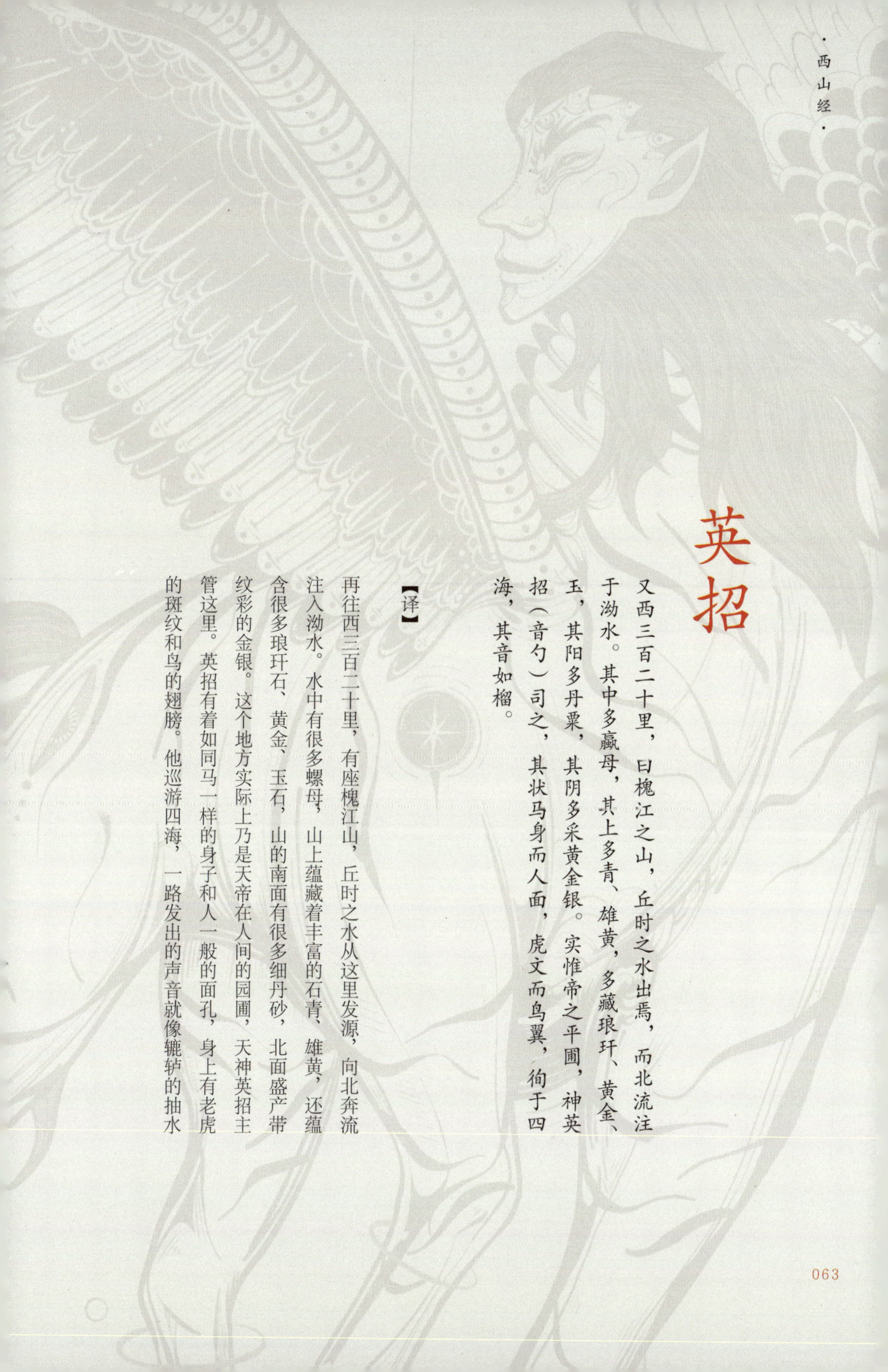

英招

又西三百二十里，曰槐江之山，丘时之水出焉，而北流注于泑水。其中多蠃母，其上多青、雄黄，多藏琅玕、黄金、玉，其阳多丹粟，其阴多采黄金银。实惟帝之平圃，神英招（音勺）司之，其状马身而人面，虎文而鸟翼，徇于四海，其音如榴。

【译】

再往西三百二十里，有座槐江山，丘时之水从这里发源，向北奔流注入泑水。水中有很多螺母，山上蕴藏着丰富的石青、雄黄，还蕴含很多琅玕石、黄金、玉石，山的南面有很多细丹砂，北面盛产带纹彩的金银。这个地方实际上乃是天帝在人间的园圃，天神英招主管这里。英招有着如同马一样的身子和人一般的面孔，身上有老虎的斑纹和鸟的翅膀。他巡游四海，一路发出的声音就像辘轳的抽水

土蝼

西南四百里，曰昆仑之丘，实惟帝之下都，神陆吾司之。其神状虎身而九尾，人面而虎爪。是神也，司天之九部及帝之囿时。有兽焉，其状如羊而四角，名曰土蝼，是食人。

【译】

往西南四百里，有座昆仑山，它实则是天帝在下界的都邑，由天神陆吾主管。这位天神的体形如同老虎却有九条尾巴，长着人的面孔却有虎爪。这位天神，主管天上九界和天帝苑囿的时令。山中有一种兽，样子像羊却长着四只角，名叫土蝼，是能吃人的。

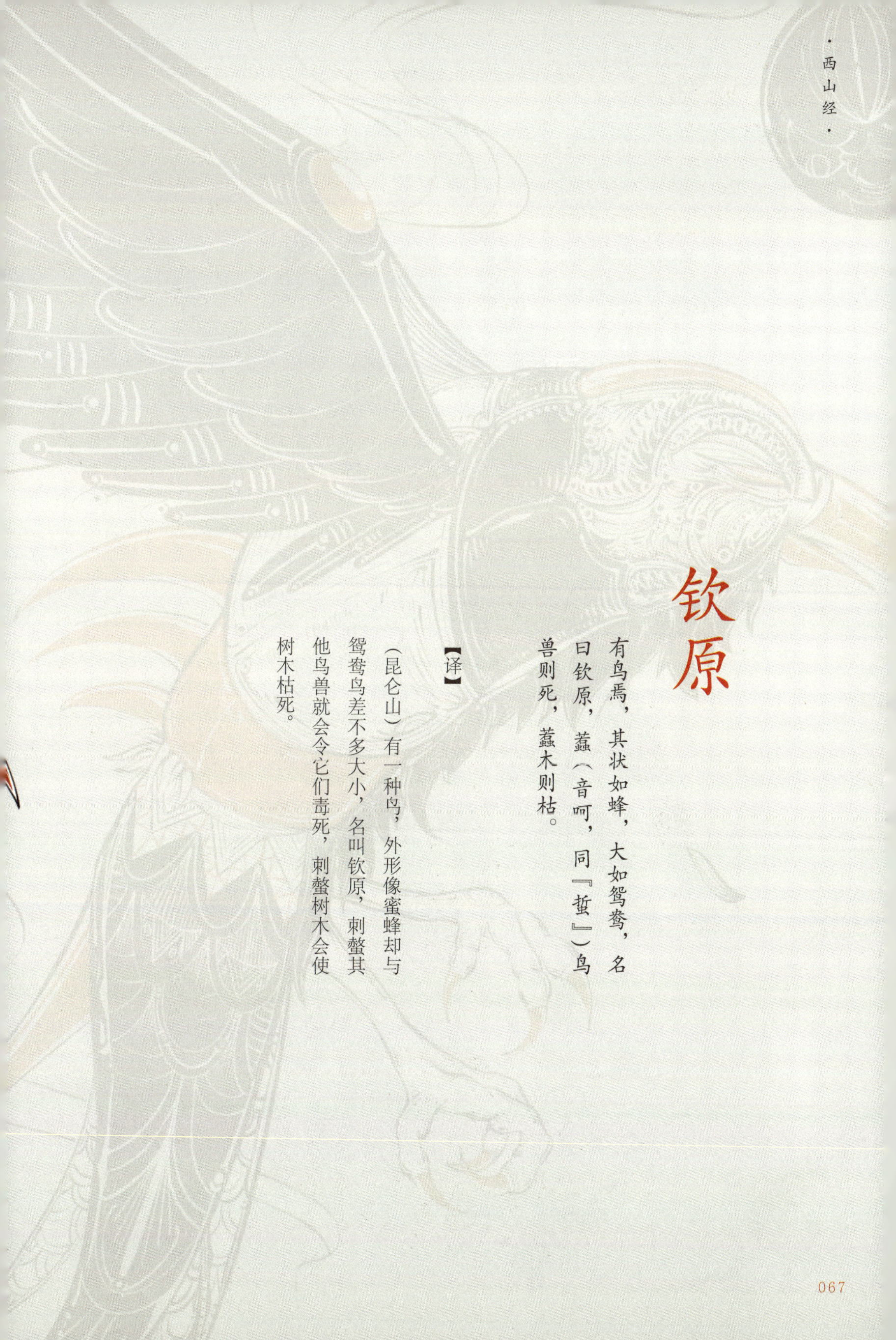

钦原

有鸟焉，其状如蜂，大如鸳鸯，名曰钦原，蠚（音呵，同『螫』）鸟兽则死，蠚木则枯。

【译】

（昆仑山）有一种鸟，外形像蜜蜂却与鸳鸯鸟差不多大小，名叫钦原，刺螫其他鸟兽就会令它们毒死，刺螫树木会使树木枯死。

西王母

又西三百五十里，曰玉山，是西王母所居也。西王母其状如人，豹尾虎齿而善啸，蓬发戴胜，是司天之厉及五残。

【译】

再往西三百五十里，有座玉山，是西王母居住的地方。西王母的形貌与人一样，却长着豹一般的尾巴和老虎般的牙齿，而且喜欢啸叫，蓬松的头发戴着玉胜，掌管着上天的灾厉和五刑残杀之气。

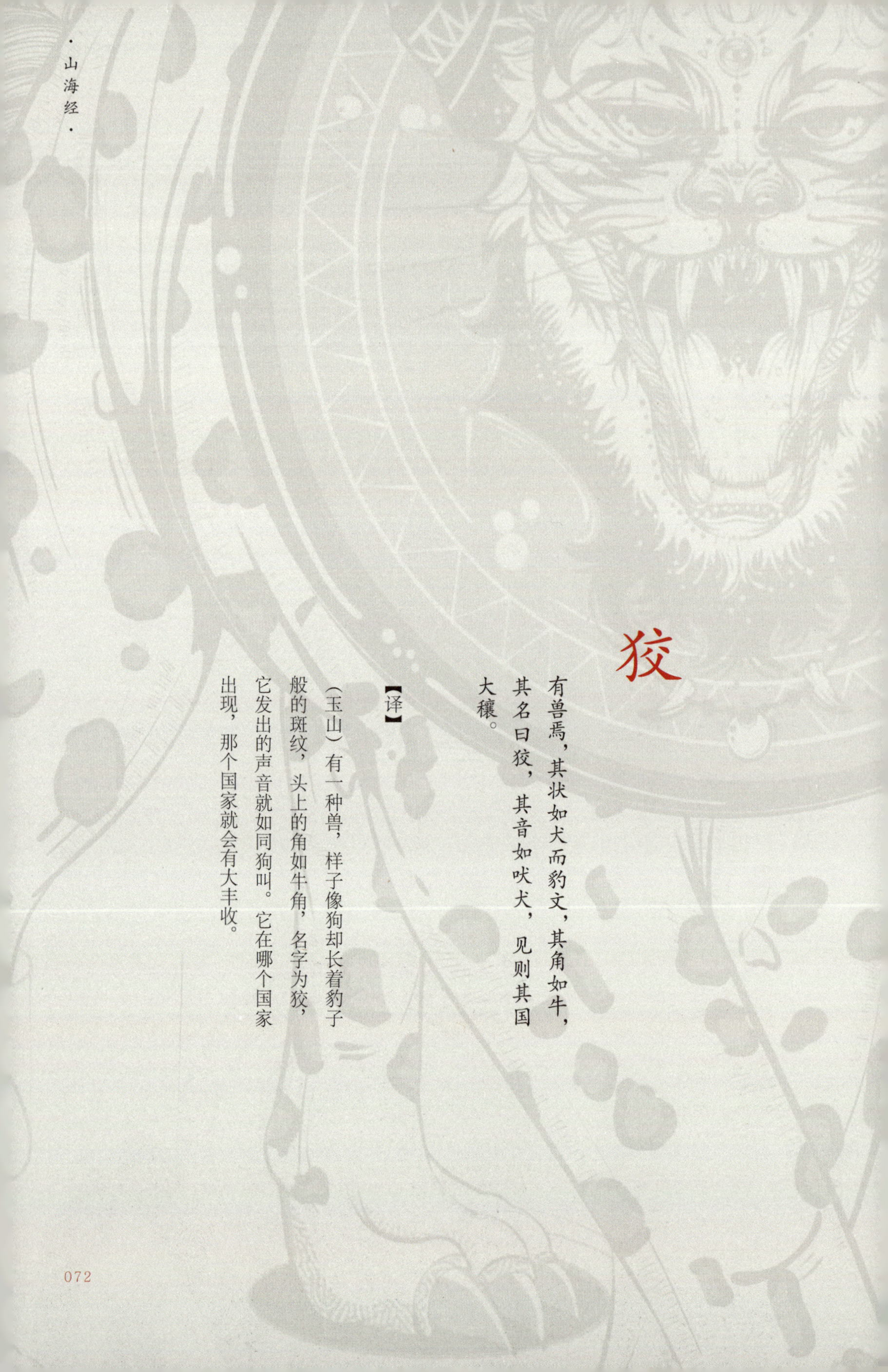

狡

有兽焉，其状如犬而豹文，其角如牛，其名曰狡，其音如吠犬，见则其国大穰。

【译】

（玉山）有一种兽，样子像狗却长着豹子般的斑纹，头上的角如牛角，名字为狡，它发出的声音就如同狗叫。它在哪个国家出现，那个国家就会有大丰收。

白帝少昊

又西二百里，曰长留之山，其神白帝少昊居之。其兽皆文尾，其鸟皆文首。是多文玉石。实惟员神魂（音伟）氏之宫。是神也，主司反景。

【译】

再往西二百里，有座长留之山，白帝少昊就居住在这里。山中的野兽都长着花尾巴，鸟类都是花脑袋。山上出产大量有彩色花纹的玉石。这山也是神魂氏的行宫。这个神掌管太阳西沉时把影子折向东方。

帝江

又西三百五十里，曰天山，多金玉，有青、雄黄，英水出焉，而西南流注于汤谷。有神焉，其状如黄囊，赤如丹火，六足四翼，浑敦无面目，是识歌舞，实惟帝江也。

【译】

再往西三百五十里，有座天山，蕴含很多金玉矿藏，还有石青和雄黄，英水发源于此，向西南奔流注入汤谷。山里住着一个神，他的体形像黄色的口袋，发出丹火一样的红光，长着六只脚和四只翅膀，面目模糊不清好像没有脸一样，精通唱歌跳舞，这个神乃是神祇帝江。

讙

西水行百里，至于翼望之山，无草木，多金玉。有兽焉，其状如狸，一目而三尾，名曰讙，其音如夺百声，是可以御凶，服之已瘅。

【译】

往西行百里水路，就到了翼望之山，山上没有花草树木，到处是金属矿石和玉石。山中有一种兽，体形像狸猫，长着一只眼睛和三条尾巴，名叫讙，它发出的声音能压倒一百种动物一起叫的声音。可以用它防御凶煞，吃了它的肉可以治好黄疸病。

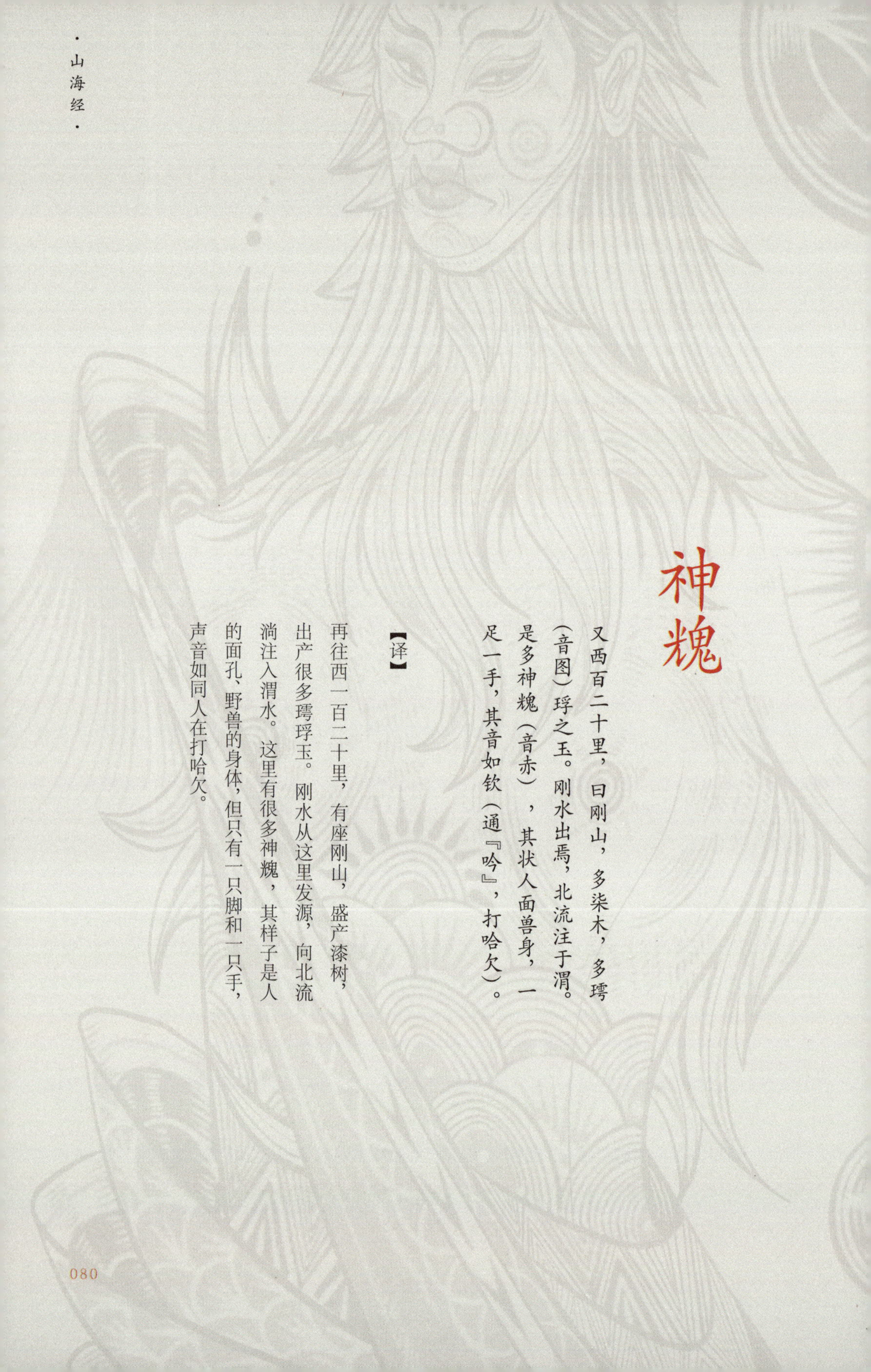

神魖

又西百二十里，曰刚山，多柒木，多㻬（音图）琈之玉。刚水出焉，北流注于渭。是多神魖（音赤），其状人面兽身，一足一手，其音如钦（通『吟』，打哈欠）。

【译】

再往西一百二十里，有座刚山，盛产漆树，出产很多㻬琈玉。刚水从这里发源，向北流淌注入渭水。这里有很多神魖，其样子是人的面孔、野兽的身体，但只有一只脚和一只手，声音如同人在打哈欠。

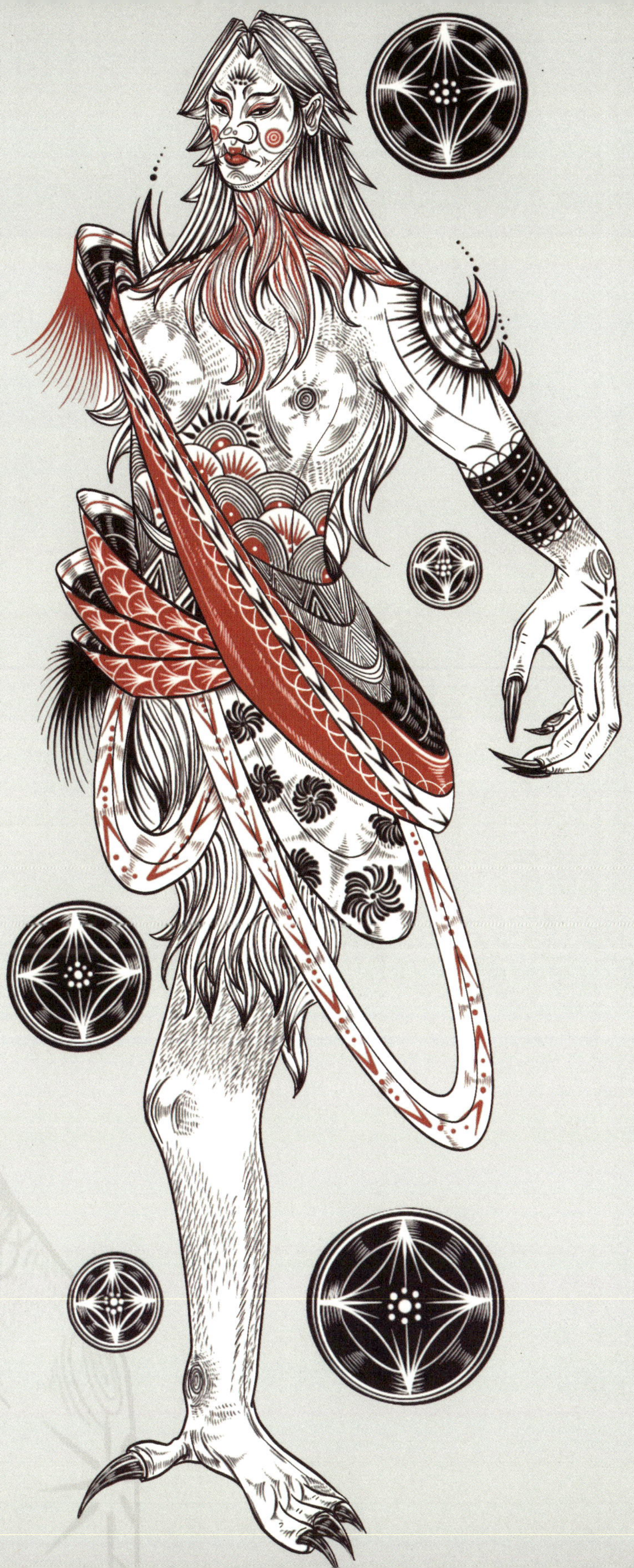

𫘪

又西三百里，曰中曲之山，其阳多玉，其阴多雄黄、白玉及金。有兽焉，其状如马而白身黑尾，一角，虎牙爪，音如鼓，其名曰𫘪（音驳），是食虎豹，可以御兵。

【译】

再往西三百里，有座中曲山，山南盛产玉石，山北盛产雄黄、白玉及金属矿物。山中有一种兽，体形像马，身体是白色的，尾巴是黑色的，长着一只角，牙齿、爪子像老虎的一样，发出的声音如同击鼓声，它的名字叫作𫘪，能吃掉老虎和豹子，可以用它率兵作战。

穷奇

又西二百六十里，曰邽山，其上有兽焉，其状如牛，猬毛，名曰穷奇，音如嗥狗，是食人。

【译】

再往西二百六十里，有座邽山，山上有一种兽，外形像牛，长着刺猬的毛，名叫穷奇，声音像嚎叫的狗，是能吃人的。

蠃鱼

濛水出焉，南流注于洋水，其中多黄贝，蠃鱼，鱼身而鸟翼，音如鸳鸯。见则其邑大水。

【译】

濛水就发源于此（邽山），向南流注于洋水，水中有很多黄色的贝壳，还有蠃鱼。这种鱼有鱼的身体和鸟的翅膀，声音像鸳鸯。它在哪里出现，那里就会发生水灾。

䰽魮鱼

滥水出于其西，西流注于汉水，多䰽魮（音如皮）之鱼，其状如覆铫（音掉），鸟首而鱼翼鱼尾，音如磬石之声，是生珠玉。

【译】

滥水从（鸟鼠同穴山）西面发源，向西流注入汉水，水中有很多䰽魮鱼，样子像反扣过来的有柄带嘴的小锅，长着鸟的脑袋和鱼鳍鱼尾，叫声就像磬石相撞，能吐出珠玉。

孰湖

西南三百六十里，曰崦嵫之山，其上多丹木，其叶如穀，其实大如瓜，赤符而黑理，食之已瘅，可以御火。其阳多龟，其阴多玉。苕水出焉，而西流注于海，其中多砥砺。有兽焉，其状马身而鸟翼，人面蛇尾，是好举人，名曰孰湖。

【译】

往西南三百六十里，有座崦嵫山，山上生长诸多丹树，叶子如同构树叶，结出的果实和瓜一般大，红色的花萼却带着黑色的纹理，人吃了它可治疗黄疸病，还可以防御火情。山南面有很多乌龟，山北面到处是玉石。苕水从这座山发源，向西流注入大海，水中有很多磨石。山中有一种野兽，身体像马，长着鸟的翅膀、人的面孔、蛇的尾巴，喜欢把人举起来，名字叫孰湖。

卷三·北山经

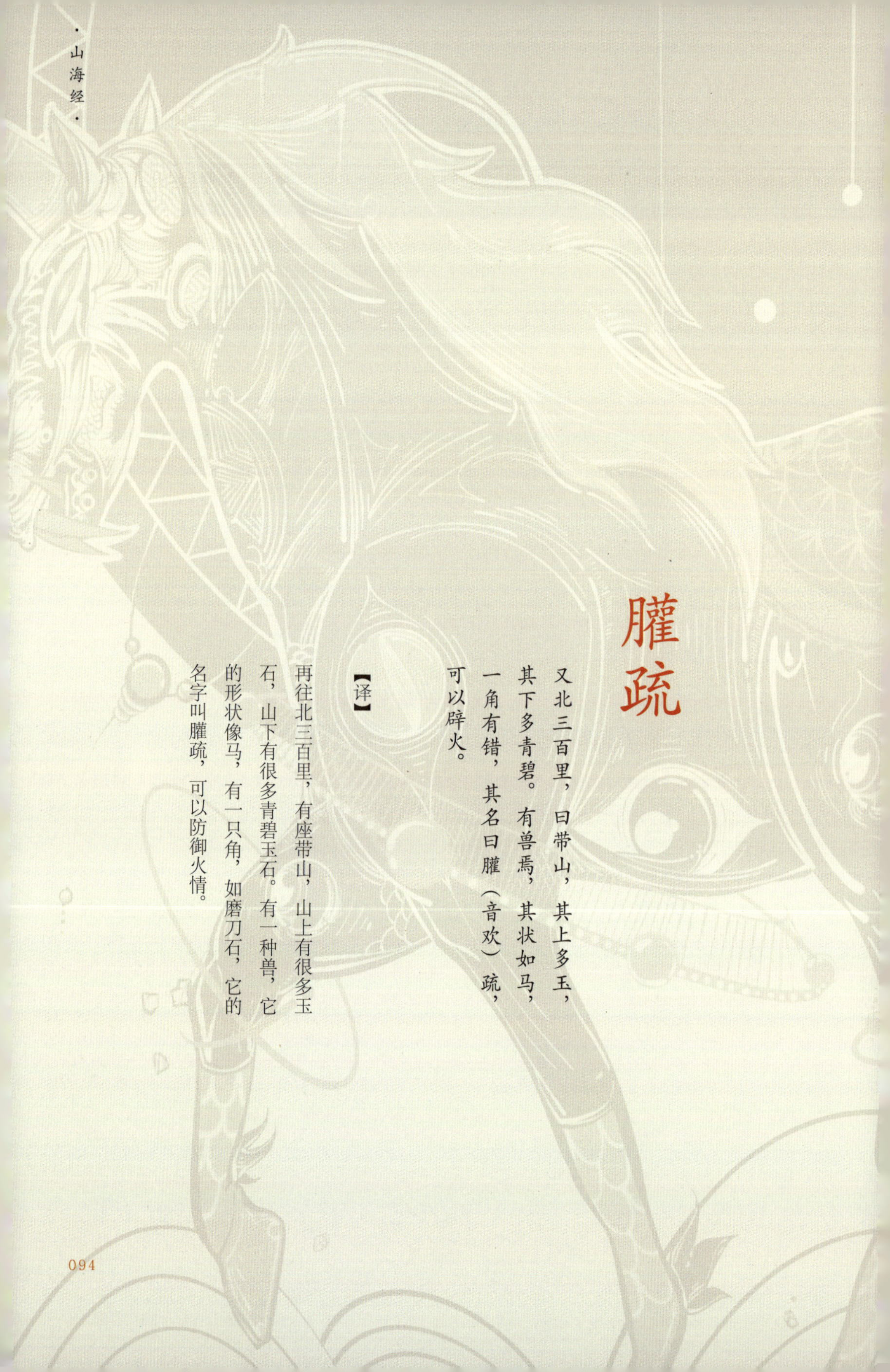

䑏疏

又北三百里，曰带山，其上多玉，其下多青碧。有兽焉，其状如马，一角有错，其名曰䑏（音欢）疏，可以辟火。

【译】

再往北三百里，有座带山，山上有很多玉石，山下有很多青碧玉石。有一种兽，它的形状像马，有一只角，如磨刀石，它的名字叫䑏疏，可以防御火情。

儵鱼

彭水出焉，而西流注于芘湖之水，其中多儵（音条）鱼，其状如鸡而赤毛，三尾六足四首，其音如鹊。食之可以已忧。

【译】

彭水发源于带山，向西奔流，注入芘湖之水，其中有很多儵鱼，形状像鸡而长着红色的毛，还有三条尾巴、六只脚、四个脑袋，它的声音像鹊鸟。吃了它可以治疗抑郁。

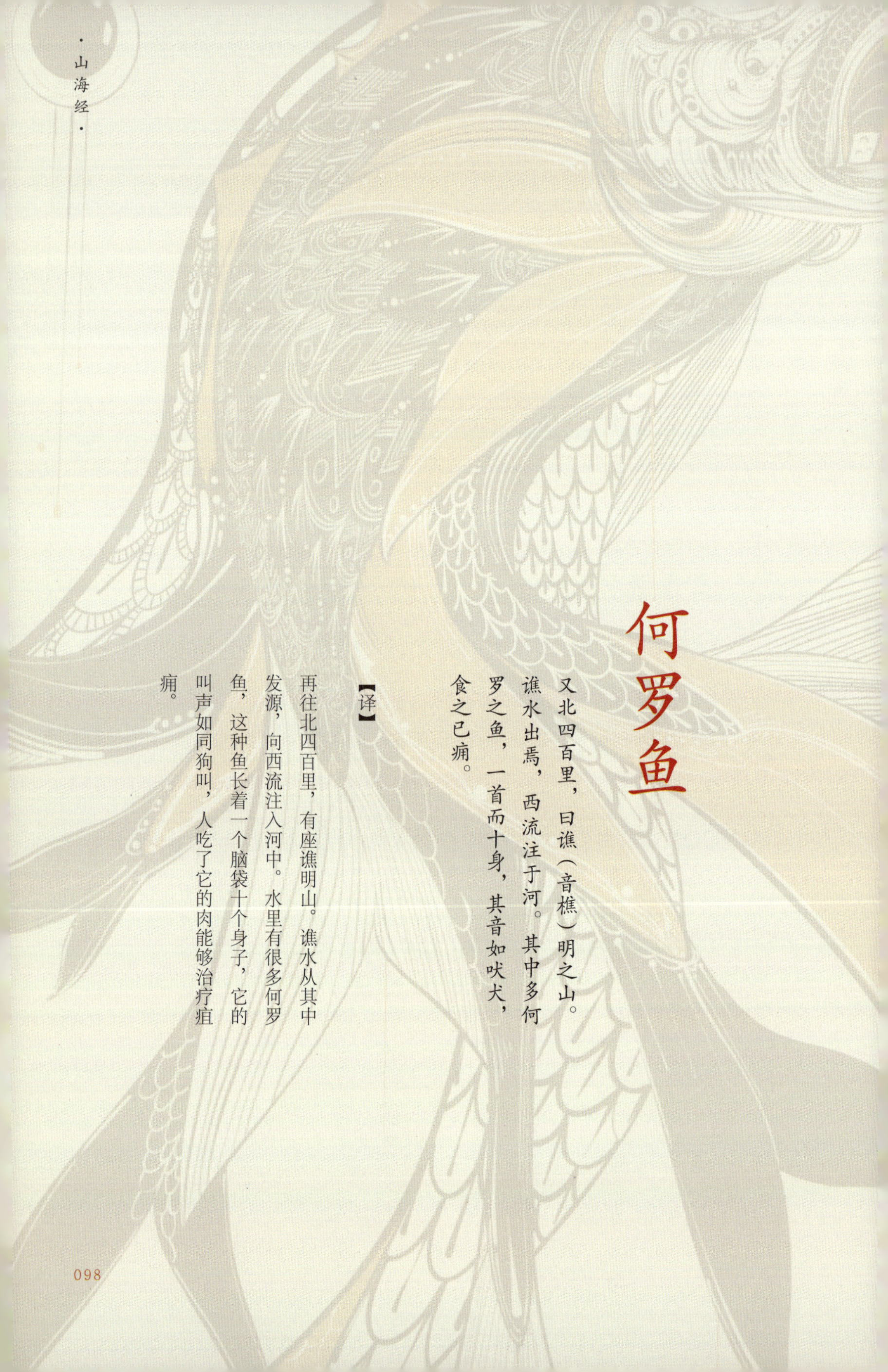

何罗鱼

又北四百里，曰谯（音樵）明之山。谯水出焉，西流注于河。其中多何罗之鱼，一首而十身，其音如吠犬，食之已痈。

【译】

再往北四百里，有座谯明山。谯水从其中发源，向西流注入河中。水里有很多何罗鱼，这种鱼长着一个脑袋十个身子，它的叫声如同狗叫，人吃了它的肉能够治疗疽痈。

孟槐

有兽焉，其状如貆（音环）而赤豪，其音如榴榴，名曰孟槐，可以御凶。

【译】

（谯明山）有一种兽，形状像小貉而长着红色硬毛，它的叫声像轱辘转动的声音，名字叫孟槐，可以利用它抵御凶险。

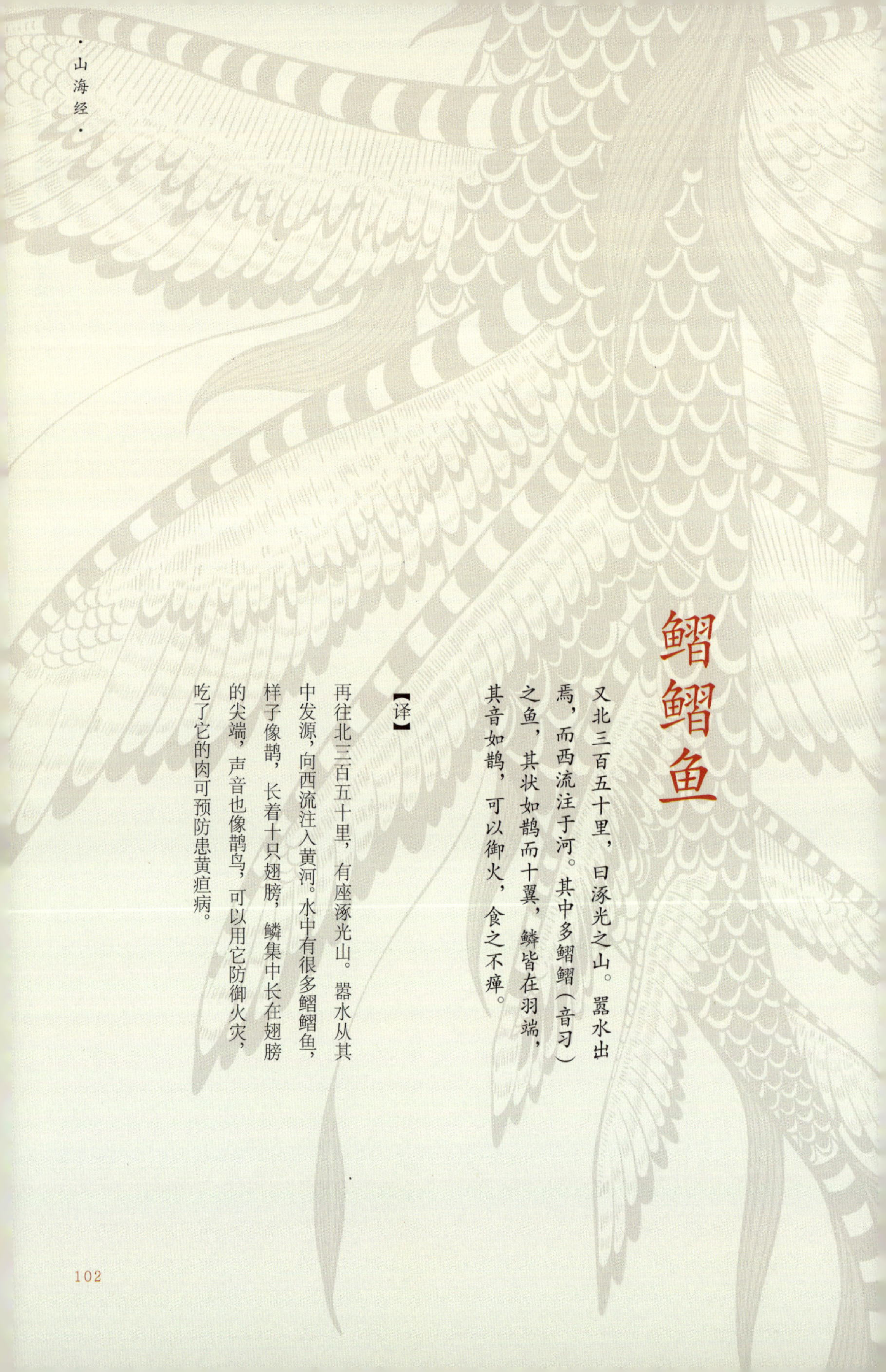

鳛鳛鱼

又北三百五十里，曰涿光之山。嚣水出焉，而西流注于河。其中多鳛鳛（音习）之鱼，其状如鹊而十翼，鳞皆在羽端，其音如鹊，可以御火，食之不瘅。

【译】

再往北三百五十里，有座涿光山。嚣水从其中发源，向西流注入黄河。水中有很多鳛鳛鱼，样子像鹊，长着十只翅膀，鳞集中长在翅膀的尖端，声音也像鹊鸟，可以用它防御火灾，吃了它的肉可预防患黄疸病。

耳鼠

又北二百里，曰丹熏之山，其上多樗（音出）柏，其草多韭薤（音谢），多丹雘。熏水出焉，而西流注于棠水。有兽焉，其状如鼠，而菟首麋耳，其音如獋（音豪）犬，以其尾飞，名曰耳鼠，食之不䏿（音采），又可以御百毒。

【译】

再往北二百里，有座丹熏山。山上有很多樗树和柏树，这里的草多是韭草和薤草，还产有很多丹雘。熏水从这里发源，向西流注入棠水。山中有一种兽，它的样子像鼠，长着兔子般的头和麋鹿般的耳朵，叫声像狗，它用尾巴飞翔，名叫耳鼠。吃了它的肉可以不患胀鼓病，还可以抵御百毒的侵害。

幽鴳

又北百一十里，曰边春之山，多葱、葵、韭、桃、李。杠水出焉，而西流注于泑泽。有兽焉，其状如禺而文身，善笑，见人则卧，名曰幽鴳（音厌），其鸣自呼。

【译】

再往北一百一十里，有座边春山，山上生长着很多葱、葵、韭菜、桃子和李子。杠水发源于此，向西注入泑泽。山中有一种兽，它的样子像猴，身上长着花纹，喜欢笑，看见人就装睡，名叫幽鴳，它的鸣叫声就如自己的名字。

诸犍

又北百八十里，曰单张之山，其上无草木。有兽焉，其状如豹而长尾，人首而牛耳，一目，名曰诸犍，善吒，行则衔其尾，居则蟠其尾。

【译】

再往北一百八十里，有座单张山，山上不生草木。山中有一种兽，样子像豹子而尾巴很长，长着人的脸、牛的耳朵和一只眼睛，名叫诸犍，喜欢吼叫，行走时衔着尾巴，停歇时盘着尾巴。

竦斯

又北三百二十里，曰灌题之山，其上多樗柘，其下多流沙，多砥。有兽焉，其状如牛而白尾，其音如訆（音叫），名曰那父。有鸟焉，其状如雌雉而人面，见人则跃，名曰竦斯，其鸣自呼也。匠韩之水出焉，而西流注于泑泽，其中多磁石。

【译】

再往北三百二十里，有座灌题山，山上产很多臭椿和柘树，山下漫布着流沙，出产大量的磨石。山中有一种兽，它的样子像牛而长着白尾巴，声音如同人在呼叫，名叫那父。有一种鸟，样子像雌野鸡而长着人的面孔，看见人就跳起来，名叫竦斯，它的啼鸣声就跟它的名字一样。匠韩水发源于此，向西流注入泑泽，水中盛产磁石。

长蛇

北二百八十里，曰大咸之山，无草木，其下多玉。是山也，四方，不可以上。有蛇名曰长蛇，其毛如彘豪，其音如鼓柝（音拓）。

【译】

往北二百八十里，有座大咸山，地上不生草木，地下多产玉石。这座山是四四方方的，不能攀爬上去。山中有一种蛇名叫长蛇，它的毛就像猪的刚毛，而声音就像敲击梆子的声音。

窫窳

又北二百里，曰少咸之山，无草木，多青碧。有兽焉，其状如牛，而赤身、人面、马足，名曰窫窳（音讶羽），其音如婴儿，是食人。

【译】

又往北二百里，有座少咸山，不生草木，盛产青碧。山中有一种兽，它的外形像牛，却长着红色的身体、人的脸、马的脚，名叫窫窳，声音如同婴儿，却是能吃人的。

诸怀

又北二百里，曰北岳之山，多枳棘刚木。有兽焉，其状如牛，而四角、人目、彘耳，其名曰诸怀，其音如鸣雁，是食人。

【译】

再往北二百里，有座北岳山，生长着很多枳树、棘树和硬木。山中有一种兽，它的外形像牛，而长着四只角、人眼睛和猪耳朵，名字叫诸怀，它的声音就像啼鸣的大雁，是吃人的。

鮨鱼

诸怀之水出焉，而西流注于嚣水，其中多鮨（音意）鱼，鱼身而犬首，其音如婴儿，食之已狂。

【译】

诸怀水发源于此（北岳山），向西注入嚣水，水中有很多鮨鱼，长着鱼的身体和狗的头，它的声音就像婴儿一样。人吃了它可以治疗癫狂症。

肥遗

又北百八十里，曰浑夕之山，无草木，多铜玉。嚣水出焉，而西北流注于海。有蛇一首两身，名曰肥遗。见则其国大旱。

【译】

再往北一百八十里，有座浑夕山，不生草木，出产很多铜矿和玉石。嚣水从这里发源，向西北注入大海。有一种蛇长着一个头两个身体，名叫肥遗。它出现在哪个国家，那个国家将会出现大旱灾。

狍鸮

又北三百五十里，曰鉤吾之山，其上多玉，其下多铜。有兽焉，其状羊身人面，其目在腋下，虎齿人爪，其音如婴儿，名曰狍鸮，是食人。

【译】

再往北三百五十里，有座鉤吾山，山上有很多玉石，山下有丰富的铜矿。山中有一种兽，其样子是羊的身体、人一般的面孔，它的眼睛长在腋窝下，长着老虎的牙齿和人的指甲，它的叫声如婴儿一样，名叫狍鸮，是吃人的兽。

独狢

又北三百里，曰北嚣之山，无石，其阳多碧，其阴多玉。有兽焉，其状如虎，而白身犬首，马尾彘鬣，名曰独狢（音欲）。

【译】

再往北三百里，有座北嚣山，没有石头，山的南面盛产青绿色玉石，山的北面盛产玉石。山中有一种兽，整个样子像是老虎，身体白色，脑袋如狗头，长着马尾巴和猪脖上的硬毛，名字叫独狢。

嚣

又北三百五十里，曰梁渠之山，无草木，多金玉。脩水出焉，而东流注于雁门，其兽多居暨，其状如彙而赤毛，其音如豚。有鸟焉，其状如夸父，四翼、一目、犬尾，名曰嚣，其音如鹊，食之已腹痛，可以止衕（音痛）。

【译】

又往北三百五十里，有座梁渠山，不生草木，却藏有很多的金矿和玉石。脩水发源于这里，向东注入雁门水系，这里的野兽多为居暨兽，样子像刺猬而长着红色的毛，叫声像小猪一样。有一种鸟，它的体型像夸父，长着四只翅膀、一只眼睛和狗一般的尾巴，名叫嚣，叫声像鹊鸟，人吃了它的肉能治疗腹痛，可以止住腹泻不止之症。

䮝

北次三山之首，曰太行之山。其首曰归山，其上有金玉，其下有碧。有兽焉，其状如麢（音羚）羊而四角，马尾而有距，其名曰䮝（音浑），善还，其名自訆。

【译】

北方第三山系的第一座山脉，为太行山。它的第一座山叫归山，山上出产金属矿和玉石，山下出产碧玉。有一种兽，它的外形像羚羊而长着四只角，还长着如同马一般的尾巴，而且像雄鸡那样在腿后面有突出脚趾一样的部位，它的名字叫䮝，喜欢打着转旋转身体，发出的鸣叫就跟它的名字一样。

天马

又东北二百里，曰马成之山，其上多文石，其阴多金玉。有兽焉，其状如白犬而黑头，见人则飞，其名曰天马，其鸣自訆。

【译】

再往东北二百里，有座马成山，山上有很多带纹理的石头，山的北面出产很多金属矿石和玉石。山中有一种兽，外形像白色的狗，却长着黑脑袋，看见人就飞起来，它的名字叫天马，它的叫声就跟它的名字一样。

精卫

又北二百里，曰发鸠之山，其上多柘木。有鸟焉，其状如乌，文首、白喙、赤足，名曰精卫，其鸣自詨。是炎帝之少女名曰女娃，女娃游于东海，溺而不返，故为精卫。常衔西山之木石，以堙于东海。

【译】

再往北二百里，为发鸠山，山上有很多柘木。有一种鸟，它的体形就像乌鸦，长着花纹脑袋、白色鸟嘴和红色的脚，名字叫精卫，它的啼鸣就跟它的名字一样。精卫本是炎帝的小女儿名叫女娃，去东海游泳，淹死后再也没有返回，于是变成了精卫鸟。这种鸟常常衔着西山的草木或石子，来填塞东海。

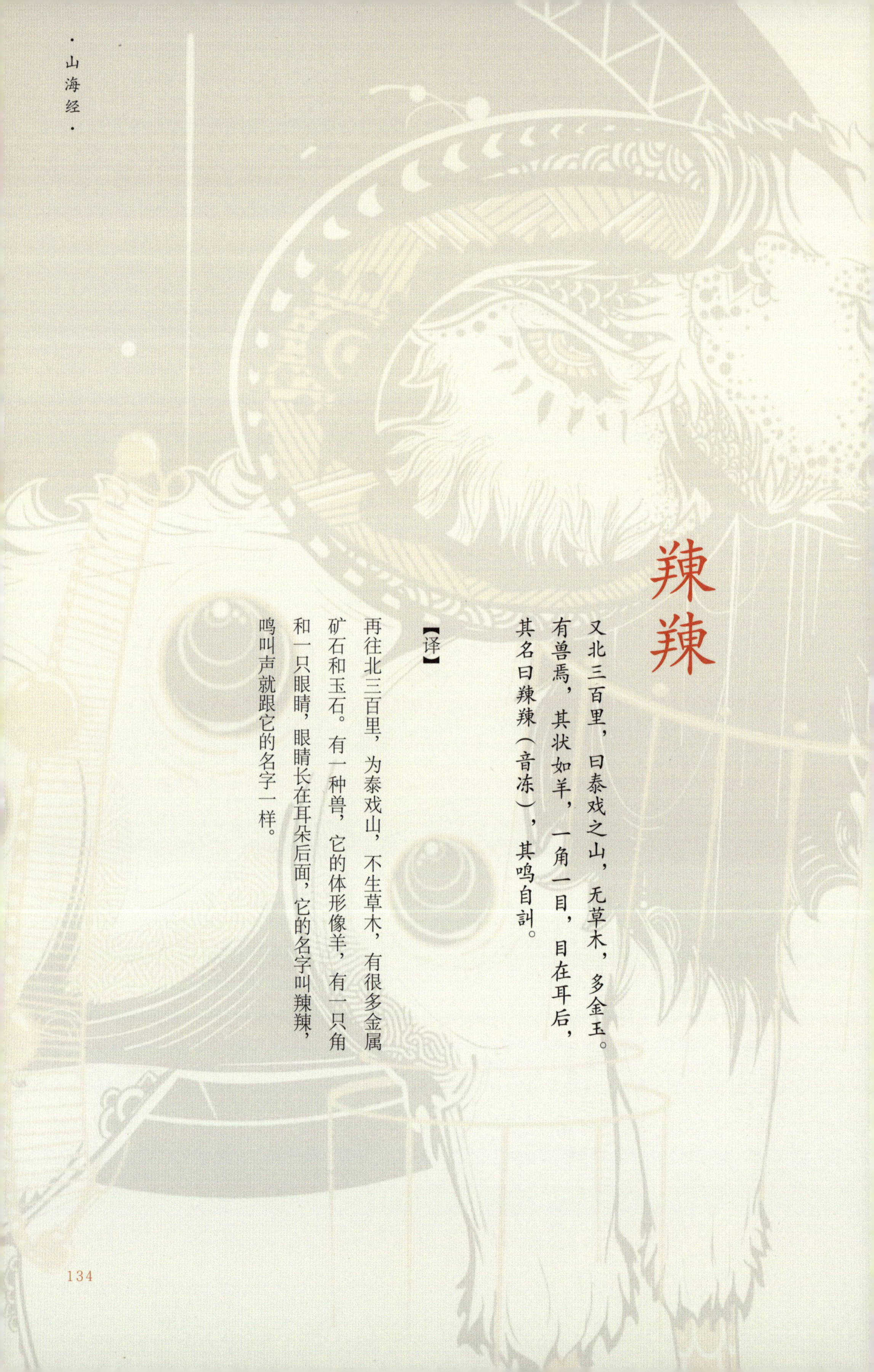

辣辣

又北三百里，曰泰戏之山，无草木，多金玉。有兽焉，其状如羊，一角一目，目在耳后，其名曰辣辣（音冻），其鸣自訆。

【译】

再往北三百里，为泰戏山，不生草木，有很多金属矿石和玉石。有一种兽，它的体形像羊，有一只角和一只眼睛，眼睛长在耳朵后面，它的名字叫辣辣，鸣叫声就跟它的名字一样。

獂

又北四百里，曰乾山，无草木，其阳有金玉，其阴有铁而无水。有兽焉，其状如牛而三足，其名曰獂（音原），其鸣自詨。

【译】

再往北四百里，有座乾山，不生草木，山的南面产金属矿石和玉石，山北有铁矿石而没有水脉。山中有一种兽，体形像牛而长着三条腿，它的名字叫獂，它的鸣叫声就跟它的名字一样。

马身人面神

凡北次三经之首，自太行之山以至于无逢之山，凡四十六山，万二千三百五十里。其神状皆马身而人面者廿神。其祠之，皆用一藻珪瘗（音亦）之。其十四神状皆彘身而载玉。其祠之，皆玉，不瘗。其十神状皆彘身而八足蛇尾。其祠之，皆用一璧瘗之。大凡四十四神，皆用稌糈（音涂许）米祠之。此皆不火食。

【译】

北方第三山系，从太行山到无逢山，总共四十六座，跨越一万两千三百五十里。其中二十座山的山神外形像马却长着如人一般的面孔，共有二十位神祇。祭祀这些山神，都采用一块藻珪将其埋到地下。另外十四座山的山神都是猪的身体而佩戴玉制品。对他们的祭祀，都采用玉，不埋到地下。还有十位山神也是猪身而长着八只脚和蛇的尾巴。对他们的祭祀，都采用一块玉璧埋入地下。这四十四位山神，祭祀都采用精米。祭品都是没有用火烹煮过的。

卷四 · 东山经

狪狪

又南三百里，曰泰山，其上多玉，其下多金。有兽焉，其状如豚而有珠，名曰狪狪（音同），其鸣自訆。

【译】

再往南三百里，有座泰山，山上盛产玉石，山下出产很多金属矿石。山中有一种兽，形状与猪相似并且身上带有珠子，名叫狪狪，它发出的鸣叫就跟它的名字一样。

犰狳

又南三百八十里，曰余峨之山。其上多梓楠，其下多荆芑。杂余之水出焉，东流注于黄水。有兽焉，其状如菟而鸟喙，鸱目蛇尾，见人则眠，名曰犰狳（音求余），其鸣自訆，见则螽蝗为败。

【译】

再往南三百八十里，有座余峨山。山上有茂密的梓树和楠树，山下有很多的牡荆树和枸杞树。杂余水从这座山发源，向东流注入黄水。山中有一种兽，形状像兔子却长着鸟的嘴，鸱鹰的眼睛和蛇的尾巴，一看见人就躺下装死，名叫犰狳，发出的叫声就跟它的名字一样。它一出现，就会有蝗灾危及庄稼。

獙獙

又南三百里，曰姑逢之山，无草木，多金玉。有兽焉，其状如狐而有翼，其音如鸿雁，其名曰獙獙（音碧）。见则天下大旱。

【译】

再往南三百里，有座姑逢山，不生草木，蕴含丰富的金属矿物和玉石。山中有一种兽，样子像狐狸却有翅膀，发出的叫声像大雁，名叫獙獙。它一出现，天下就会发生大旱灾。

峳峳

又南五百里，曰碅山，南临碅水，东望湖泽。有兽焉，其状如马而羊目、四角、牛尾，其音如獋狗，其名曰峳峳。见则其国多狡客。有鸟焉，其状如凫而鼠尾，善登木，其名曰絜鉤。见则其国多疫。

【译】

再往南五百里，有座碅山，南面比邻碅水，从山上向东可以望见湖泽。山中有一种兽，体形如马却长着羊一般的眼睛、四只角、牛的尾巴，发出的声音如同狗叫，名叫峳峳。它在哪个国家出现，哪个国家就会有很多狡猾的人物。有一种鸟，体形像野鸭却长着老鼠尾巴，善于爬树，它名字叫絜鉤。它一出现则预示这个国家会多发瘟疫。

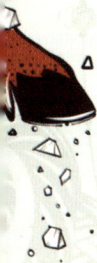

鮯鮯鱼

又南水行五百里，流沙五百里，有山焉，曰跂踵之山，广员二百里，无草木，有大蛇，其上多玉。有水焉，广员四十里，皆涌，其名曰深泽，其中多蠵（音西）龟。有鱼焉，其状如鲤，而六足鸟尾，名曰鮯鮯（音隔）之鱼，其名自訆。

【译】

再往南行五百里水路，五百里流沙，有一座山，叫跂踵山，方圆二百里，不生草木，有大蛇，山上有很多玉石。有水域，方圆四十里都有泉水涌出，名叫深泽，其中有很多蠵龟。还有一种鱼，形状像鲤鱼，长着六只脚和鸟的尾巴，名叫鮯鮯鱼，叫声就跟它的名字一样。

茈鱼

又南三百二十里，曰东始之山，上多苍玉……泚（音此）水出焉，而东北流注于海，其中多美贝，多茈（音子）鱼，其状如鲋（音付），一首而十身，其臭如蘪芜，食之不⿰米費（音屁）。

【译】

再往南三百二十里，有座东始山，山上多出产青玉……泚水从这座山发源，向东北流注入大海，水中有很多美丽的贝类，还有很多茈鱼，样子像鲫鱼，一个脑袋却长着十个身子，它的气味与蘼芜草相似。人吃了它就会少放屁。

合窳

又东北二百里，曰剡（音善）山，多金玉。有兽焉，其状如彘而人面，黄身而赤尾，其名曰合窳，其音如婴儿。是兽也，食人亦食虫蛇。见则天下大水。

【译】

再往东北二百里，有座剡山，山上有丰富的金属矿藏和玉石。山中有一种兽，体形像猪却是人的面孔，黄色的身子而红色尾巴，名叫合窳，发出的声音如同婴儿一般。这种兽，是吃人的，也吃虫和蛇。它一出现天下就会发生洪水灾害。

蜚

又东二百里，曰太山，上多金玉、桢木。有兽焉，其状如牛而白首，一目而蛇尾，其名曰蜚，行水则竭，行草则死，见则天下大疫。

【译】

再往东二百里，有座太山，山上有丰富的金属矿物和玉石、茂密的桢树。有一种兽，体形像牛却是白脑袋，长着一只眼睛和蛇般的尾巴，它的名字叫蜚，它行经有水的地方水就干涸，行经有草的地方草就枯死。它一出现，则预示着天下会爆发大瘟疫。

卷五·中山经

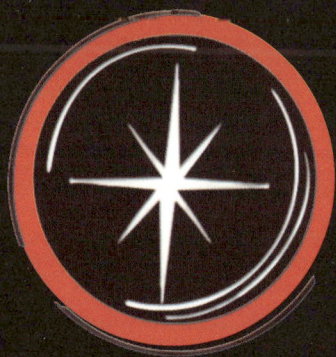

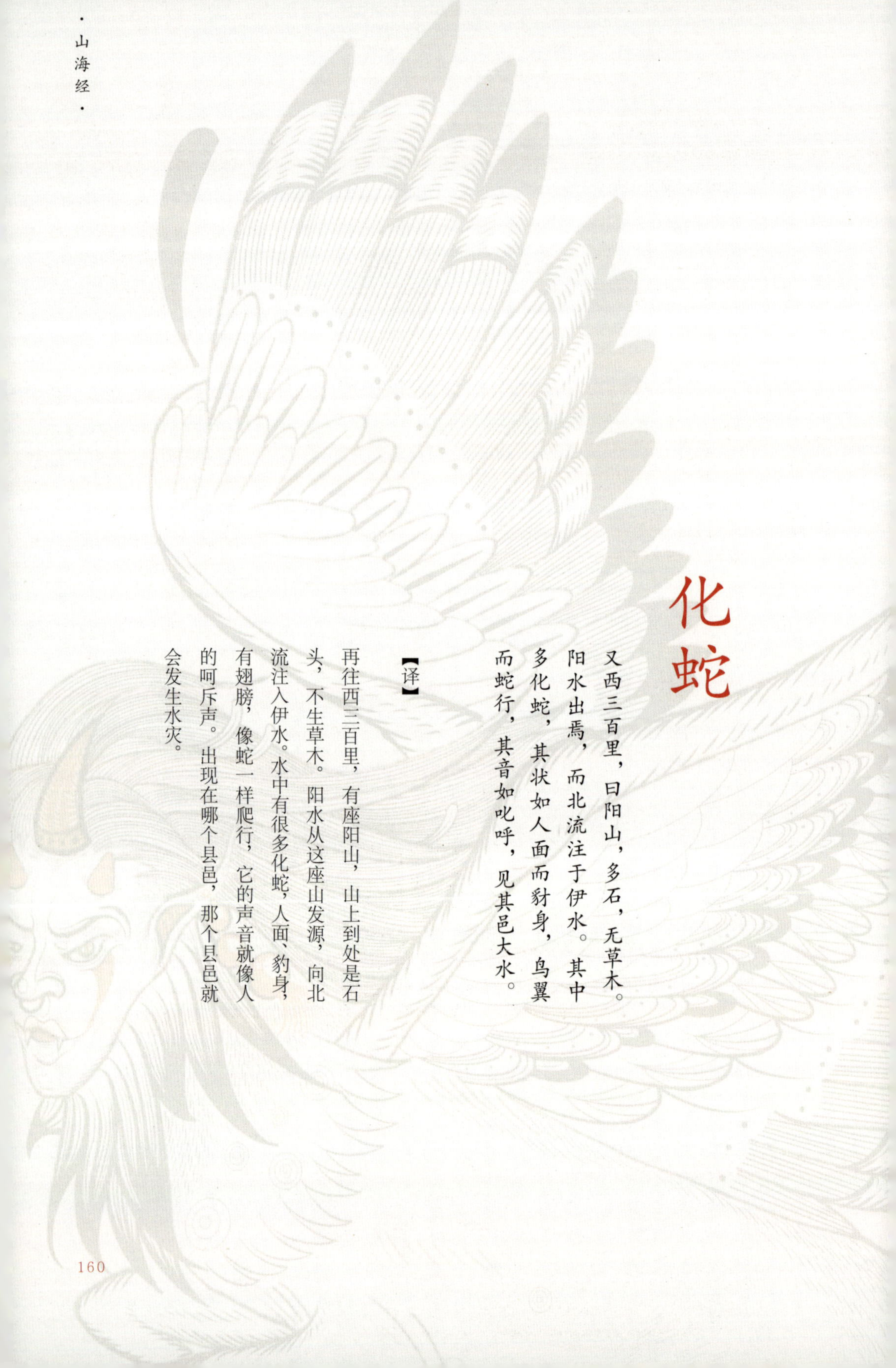

化蛇

又西三百里，曰阳山，多石，无草木。阳水出焉，而北流注于伊水。其中多化蛇，其状如人面而豺身，鸟翼而蛇行，其音如叱呼，见其邑大水。

【译】

再往西三百里，有座阳山，山上到处是石头，不生草木。阳水从这座山发源，向北流注入伊水。水中有很多化蛇，人面、豹身，有翅膀，像蛇一样爬行，它的声音就像人的呵斥声。出现在哪个县邑，那个县邑就会发生水灾。

武罗神

又东十里，曰青要之山，实惟帝之密都。北望河曲，是多驾鸟。南望墠（音谈）渚，禹父之所化，是多仆累、蒲卢。䰠（音神）武罗司之，其状人面而豹文，小要（『腰』的古字）而白齿，而穿耳以鐻（音渠），其鸣如鸣玉。是山也，宜女子。畛水出焉，而北流注于河。

【译】

再往东十里，有座青要山，实际上是天帝的都邑。从山上向北可以望见黄河的弯道，这里有很多驾鸟。从山上向南可以望见墠渚，是大禹的父亲鲧变成黄熊的地方，这里有很多蜗牛和圆贝壳软体动物蒲卢。鬼中的神灵武罗掌管这里，其有着人的面孔，身上长着豹子一样的斑纹，有细小的腰身和洁白的牙齿，而且耳朵上穿挂着金银环，发出的声音像玉石碰击。这座青要山适宜女子居住。畛水从这座山发源，向北流注入黄河。

獺

又西一百二十里，曰厘山，其阳多玉，其阴多蒐（音搜）。有兽焉，其状如牛。苍身，其音如婴儿，是食人，其名曰犀渠。滽（音拥）滽之水出焉，而南流注于伊水。有兽焉，名曰獺，其状如獳犬而有鳞，其毛如彘鬣。

【译】

再往西一百二十里，有座厘山，山南面有很多玉石，山北面有遍地的茜草。山中有一种兽，形状像牛，身体青黑色，发出的声音就像婴儿，是能吃人的，它的名字叫犀渠。滽水从这座山发源，然后向南流入伊水。这里还有一种兽，名叫獺，体形像发怒的狗而长有鳞片，它的毛就像猪脖子上的鬃毛一样。

馱鸟

东三百里，曰首山，其阴多榖柞，其草多茉（音竹）芫，其阳多㻬琈之玉，木多槐。其阴有谷，曰机谷，多馱（音代）鸟，其状如枭而三目，有耳，其音如录（通『鹿』）。食之已垫。

【译】

往东三百里，有座首山，山北面有很多构树、柞树，这里的草以茉草、芫华居多，山南面盛产㻬琈玉，这里的树木多为槐树。山的北面有峡谷，叫机谷，里面有很多馱鸟，体形像猫头鹰却长着三只眼睛，还有耳朵，发出的声音就像鹿的鸣叫。人吃了它可以治好湿气病。

骄虫

中次六山缟羝山之首，曰平逢之山，南望伊、洛，东望谷城之山，无草木，无水，多沙石。有神焉，其状如人而二首，名曰骄虫，是为螫虫，实惟蜂蜜之庐。其祠之：用一雄鸡，禳而勿杀。

【译】

中部第六山系缟羝山的首座山，叫平逢山，从山上向南可以望见伊水和洛水，向东可以望见谷城山，这座山不生花草树木，没有水，到处是沙子、石头。有一位山神，样子像人却长着两个脑袋，名叫骄虫，意为蜇人昆虫的首领，这座山实际上是蜜蜂一类虫子筑巢聚集的地方。祭祀这位山神的做法是这样的：用一只公鸡做祭品，在举行消灾祭祀仪式之后放掉，切勿杀它。

三足龟

又东五十七里，曰大苦之山，多㻬琈之玉，多麋玉……其阳狂水出焉，西南流注于伊水。其中多三足龟，食者无大疾，可以已肿。

【译】

再往东五十七里，有座大苦山，盛产㻬琈玉，有很多麋玉……山南狂水从这里发源，向西南流淌注入伊水。水中有很多三足龟，吃了它可以不生大病，还可以消除痈肿。

鼍围

又东北百五十里，曰骄山，其上多玉，其下多青雘，其木多松柏，多桃枝鉤端。神鼍（音陀）围处之，其状如人而羊角虎爪，恒游于雎、漳之渊，出入有光。

【译】

再往东北一百五十里，有座骄山，山上生产玉石，山下藏有很多青雘矿石，山里的树木以松树和柏树居多，还有很多桃枝、钩端一类的小木丛。神祇鼍围住在这里，其样貌像人一样，但长着羊角和虎爪，总是在雎水和漳水的深渊里遨游，出入的时候闪烁着光亮。

计蒙

又东百三十里，曰光山，其上多碧，其下多水。神计蒙处之，其状人身而龙首，恒游于漳渊，出入必有飘风暴雨。

【译】

再往东一百三十里，有座光山，山上有丰富的碧玉矿藏，山下水资源丰富。神祇计蒙居住在这里，其样貌是人的身子龙的头，总是在漳水的深渊里遨游，出入时必伴着疾风骤雨。

跂踵

又西二十里，曰复州之山，其木多檀，其阳多黄金。有鸟焉，其状如鸮，而一足彘尾，其名曰跂踵，见则其国大疫。

【译】

再往西二十里，有座复州山，这里的树木多为檀树，山的南面富藏金矿。山中有一种鸟，样子像猫头鹰，却长着一只脚和猪尾巴，它的名字叫作跂踵。出现在哪个国家，那个国家就会爆发大瘟疫。

獜

又东南三十里，曰依轱（音哭）之山，其上多杻橿（音江），多苴（音居）。有兽焉，其状如犬，虎爪有甲，其名曰獜（音林），善駚坌（音央奋）。食者不风。

【译】

再往东南三十里，有座依轱山，山上有茂密的杻树和橿树，还有不少柤树。山中有一种兽，形状像狗，长着老虎爪子而身上又披有鳞甲，名字叫作獜，擅长腾扑跳跃。吃了它的肉就能使人不患风痹症。

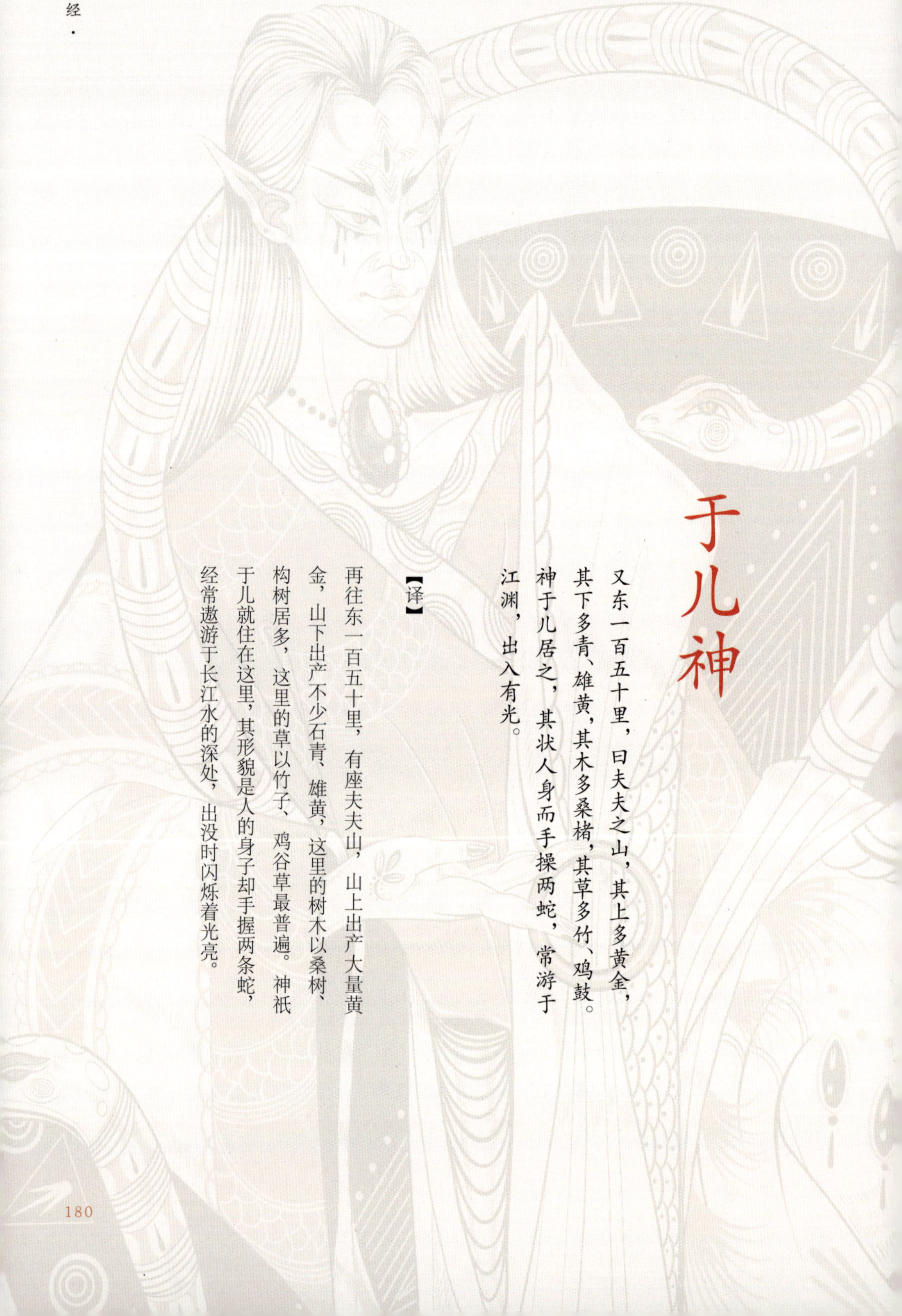

于儿神

又东一百五十里，曰夫夫之山，其上多黄金，其下多青、雄黄，其木多桑楮，其草多竹、鸡鼓。神于儿居之，其状人身而手操两蛇，常游于江渊，出入有光。

【译】

再往东一百五十里，有座夫夫山，山上出产大量黄金，山下出产不少石青、雄黄，这里的树木以桑树、构树居多，这里的草以竹子、鸡谷草最普遍。神祇于儿就住在这里，其形貌是人的身子却手握两条蛇，经常遨游于长江水的深处，出没时闪烁着光亮。

卷六·海外南经

比翼鸟

比翼鸟在其东，其为鸟青、赤，两鸟比翼。一曰在南山东。

【译】

比翼鸟在结匈国的东面，这种鸟有青色、红色间杂的羽毛，两只鸟的翅膀配合起来才能飞翔。还有一种说法认为比翼鸟在南山的东面。

二八神

有神人二八，连臂，为帝司夜于此野。在羽民东。其为人小颊赤肩。尽十六人。

【译】

有个神人叫二八神，两条手臂是相连的，在一片旷野中为天帝守护夜晚。这片旷野在羽民国的东边，那里的人脸颊狭小，肩膀是红的。共十六人。

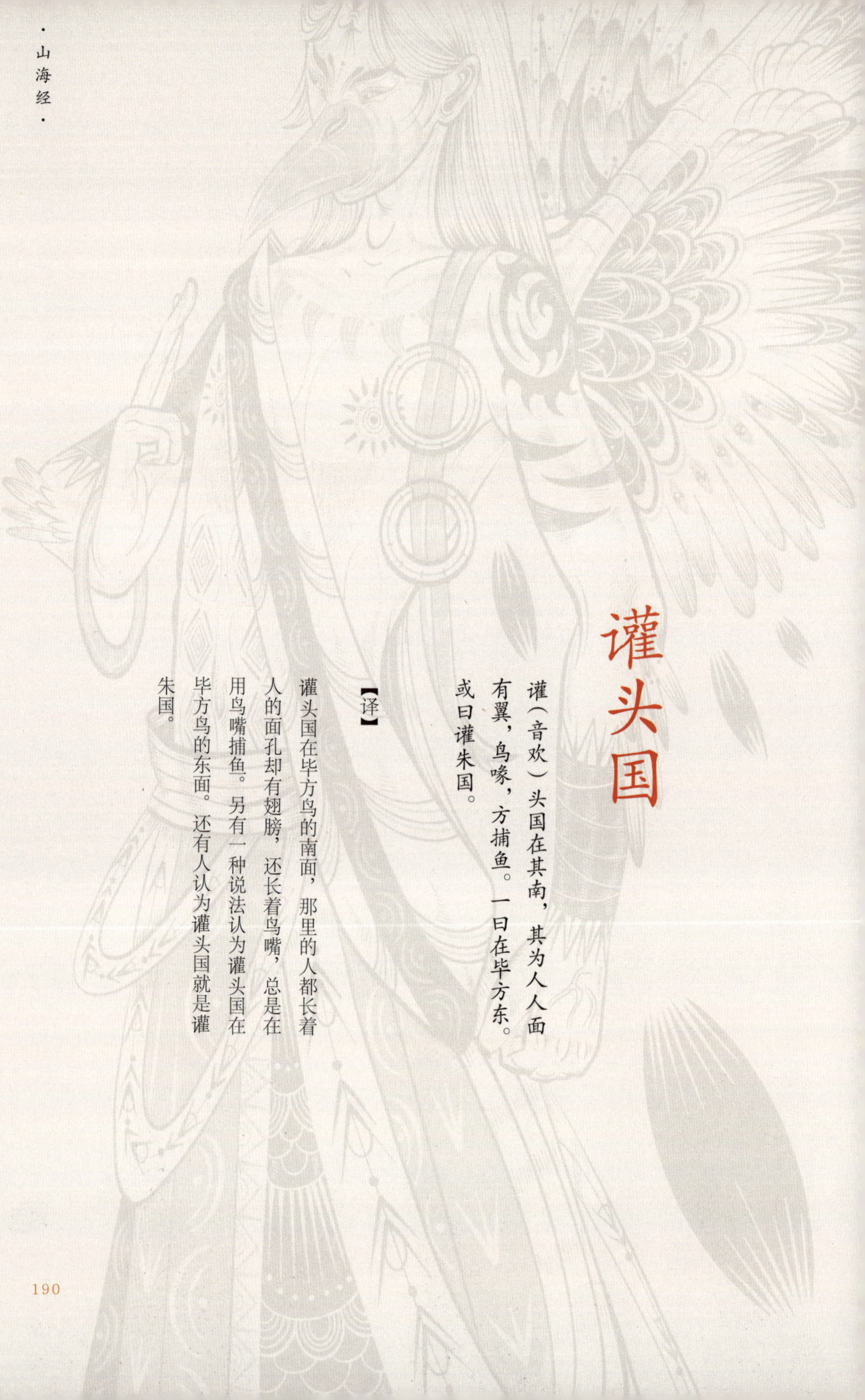

讙头国

讙（音欢）头国在其南，其为人人面有翼，鸟喙，方捕鱼。一曰在毕方东。或曰讙朱国。

【译】

讙头国在毕方鸟的南面，那里的人都长着人的面孔却有翅膀，还长着鸟嘴，总是在用鸟嘴捕鱼。另有一种说法认为讙头国在毕方鸟的东面。还有人认为讙头国就是讙朱国。

厌火国

厌火国在其南，其为人兽身黑色，火出其口中。一曰在讙朱东。

【译】

厌火国在讙头国的南面，那里的人都长着野兽一样的身子，身体是黑色的，可口吐火焰。另一种说法认为厌火国在讙朱国的东面。

交胫国

交胫国在其东，其为人交胫。一曰在穿匈东。

【译】

交胫国在它（赤水）的东面，那里的人小腿是相互交叉着的。另一种说法认为交胫国在穿胸国的东面。

羿射杀凿齿

羿与凿齿战于寿华之野，羿射杀之。在昆仑虚东。羿持弓矢，凿齿持盾。一曰持戈。

【译】

羿与凿齿在寿华的荒野交战厮杀，羿射死了凿齿。这个地方就在昆仑山的东面。羿手持弓和箭，凿齿手拿盾牌。另一种说法认为凿齿拿的是戈。

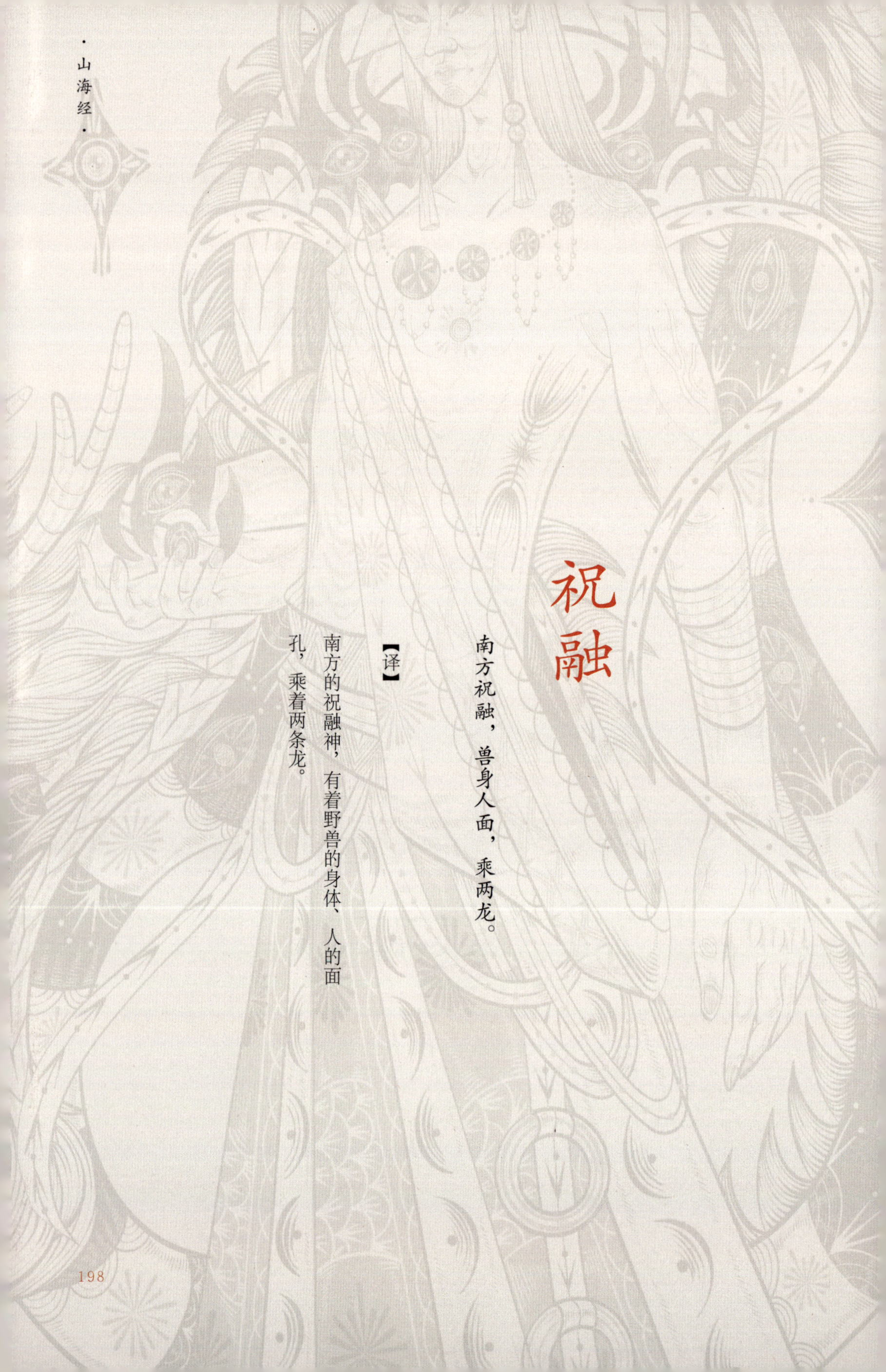

祝融

南方祝融，兽身人面，乘两龙。

【译】

南方的祝融神，有着野兽的身体、人的面孔，乘着两条龙。

卷七·海外西经

夏后启

大乐之野，夏后启于此儛（音舞）《九代》，乘两龙，云盖三层。左手操翳（音亦），右手操环，佩玉璜。在大运山北。一曰大遗之野。

【译】

大乐野，夏后启在这里观看《九代》乐舞，乘驾两条龙，三重云雾遮盖在他的头上。他左手握着装饰着羽毛的伞盖，右手拿着玉环，腰间佩挂着半圆形的玉璜。大乐野就在大运山的北面。另一种说法认为夏后启观看《九代》是在大遗野。

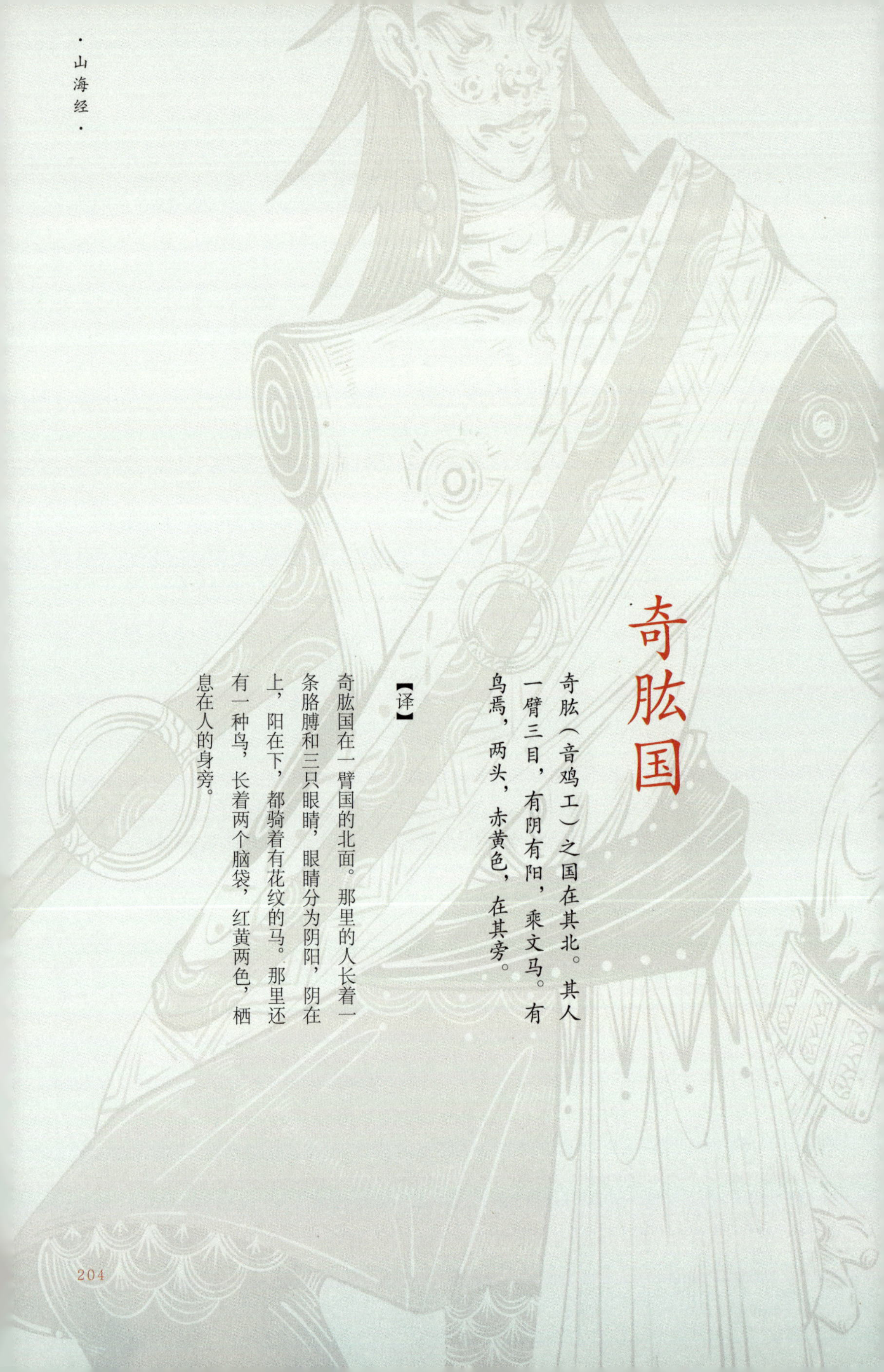

奇肱国

奇肱（音鸡工）之国在其北。其人一臂三目，有阴有阳，乘文马。有鸟焉，两头，赤黄色，在其旁。

【译】

奇肱国在一臂国的北面。那里的人长着一条胳膊和三只眼睛，眼睛分为阴阳，阴在上，阳在下，都骑着有花纹的马。那里还有一种鸟，长着两个脑袋，红黄两色，栖息在人的身旁。

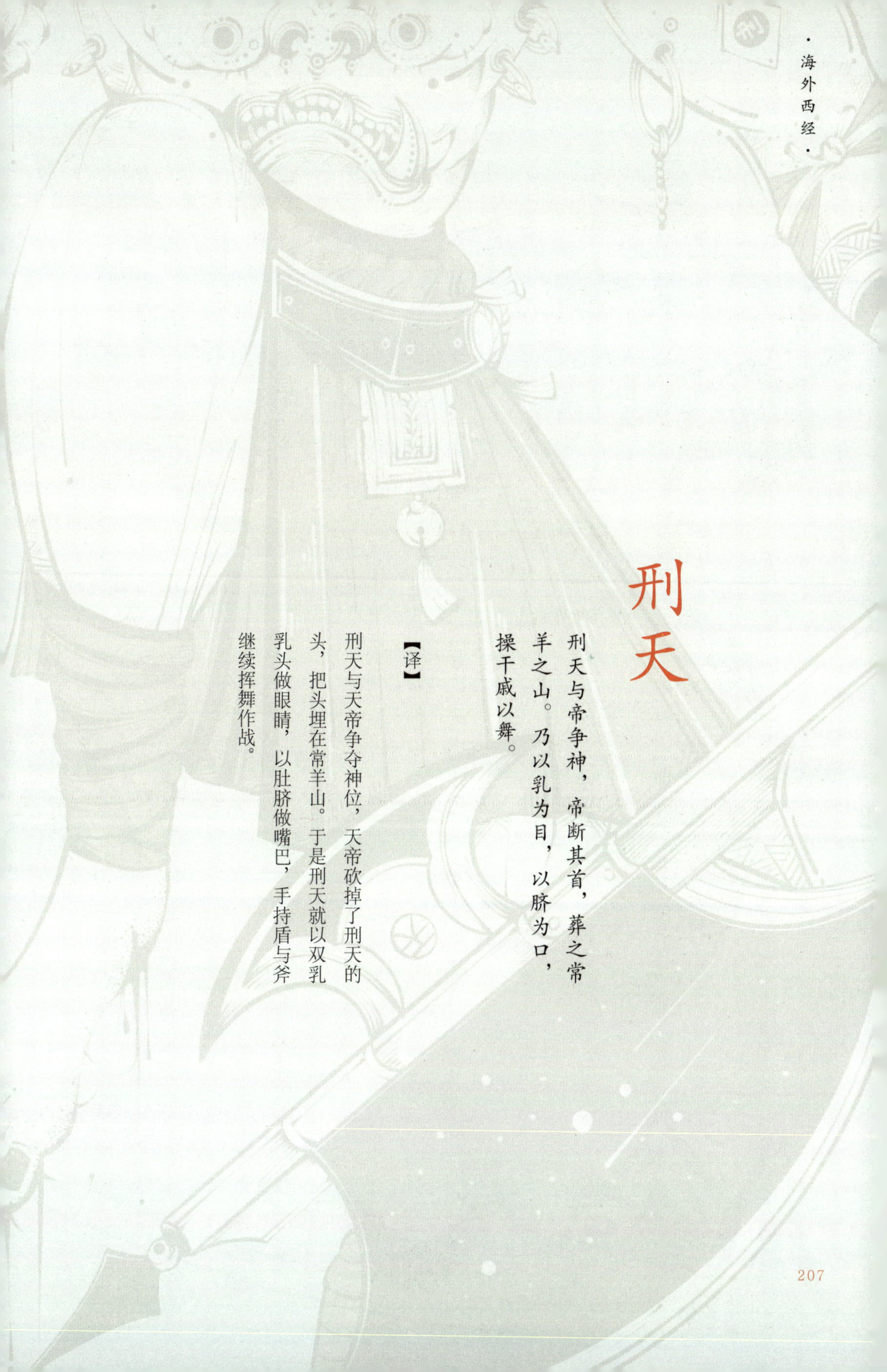

刑天

刑天与帝争神，帝断其首，葬之常羊之山。乃以乳为目，以脐为口，操干戚以舞。

【译】

刑天与天帝争夺神位，天帝砍掉了刑天的头，把头埋在常羊山。于是刑天就以双乳乳头做眼睛，以肚脐做嘴巴，手持盾与斧继续挥舞作战。

并封

并封在巫咸东，其状如彘，前后皆有首，黑。

【译】

怪兽并封在巫咸国的东面，它的样子像猪，却前后都有脑袋，全身黑色。

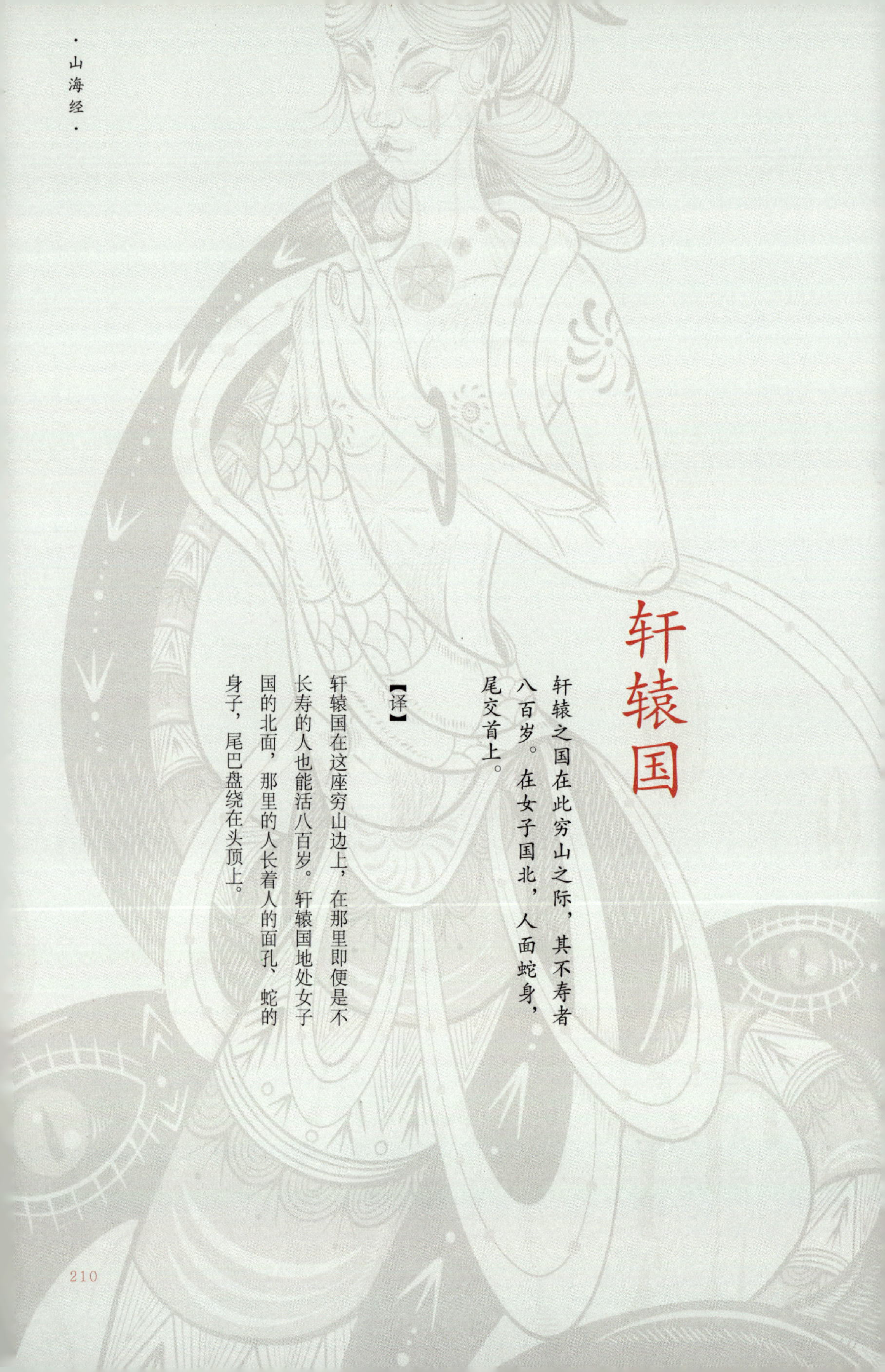

轩辕国

轩辕之国在此穷山之际，其不寿者八百岁。在女子国北，人面蛇身，尾交首上。

【译】

轩辕国在这座穷山边上，在那里即便是不长寿的人也能活八百岁。轩辕国地处女子国的北面，那里的人长着人的面孔、蛇的身子，尾巴盘绕在头顶上。

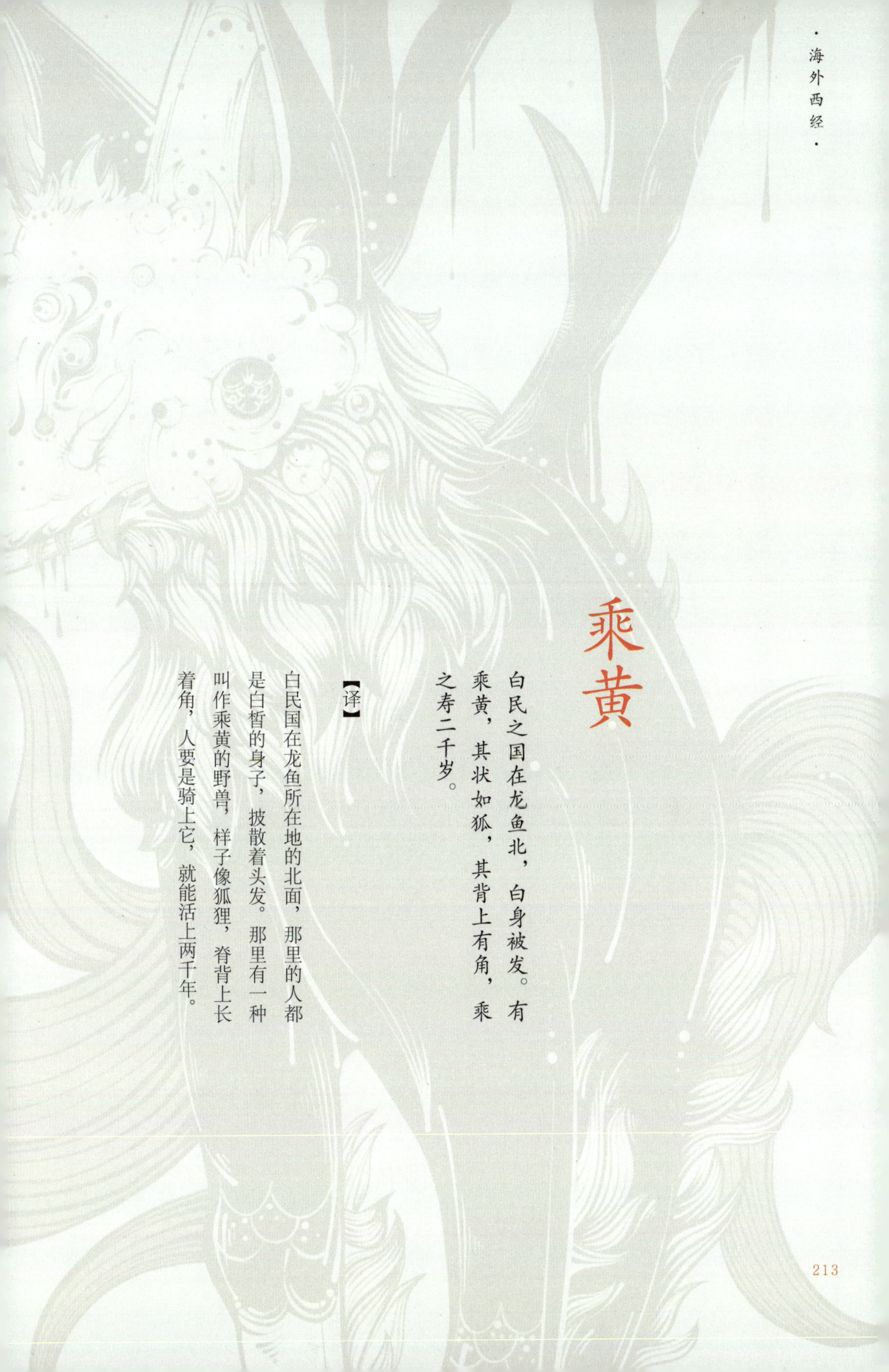

乘黄

白民之国在龙鱼北，白身被发。有乘黄，其状如狐，其背上有角，乘之寿二千岁。

【译】

白民国在龙鱼所在地的北面，那里的人都是白皙的身子，披散着头发。那里有一种叫作乘黄的野兽，样子像狐狸，脊背上长着角，人要是骑上它，就能活上两千年。

蓐收

西方蓐收，左耳有蛇，乘两龙。

【译】西方的神祇蓐收，左耳挂着一条蛇，乘驾两条龙飞行。

卷八·海外北经

烛阴

钟山之神，名曰烛阴，视为昼，瞑为夜，吹为冬，呼为夏，不饮，不食，不息，息为风，身长千里。在无启之东。其为物，人面，蛇身，赤色，居钟山下。

【译】

钟山的山神，名叫烛阴，他睁开眼睛便是白昼，闭上眼睛便是黑夜，一吹气便是冬天，一呼气就是夏天，不喝水，不吃食物，平时不呼吸，一呼吸就生成风，身子有一千里长。烛阴神在无启国的东面。他的样子是人的面孔、蛇的身子，全身赤红色，住在钟山脚下。

相柳

共工之臣曰相柳氏，九首，以食于九山。相柳之所抵，厥为泽谿。禹杀相柳，其血腥，不可以树五谷种。禹厥之，三仞三沮，乃以为众帝之台。在昆仑之北，柔利之东。相柳者，九首人面，蛇身而青，不敢北射，畏共工之台。台在其东。台四方，隅有一蛇，虎色，首冲南方。

【译】

天神共工的臣子叫相柳氏，有九个头，用九个头分别在九座山上觅食。相柳氏所经之处，都被踩挖成沼泽、溪流。大禹杀死了相柳氏，其血腥流染的地方，不能栽种五谷。大禹只好挖出这些地方的土，再用别处的土填埋，结果填满几次就塌陷几次，于是大禹便用挖出的泥土为众帝修造了帝台。这些帝台在昆仑山的北面，柔利国的东面。这个相柳氏长着九个脑袋、人的面孔和蛇一般青色的身子，不敢向北方射箭，因为敬畏共工台。共工台在众帝台的东面，台是四方形的，每个角上有一条蛇，蛇身上的斑纹和老虎差不多，脸向着南方。

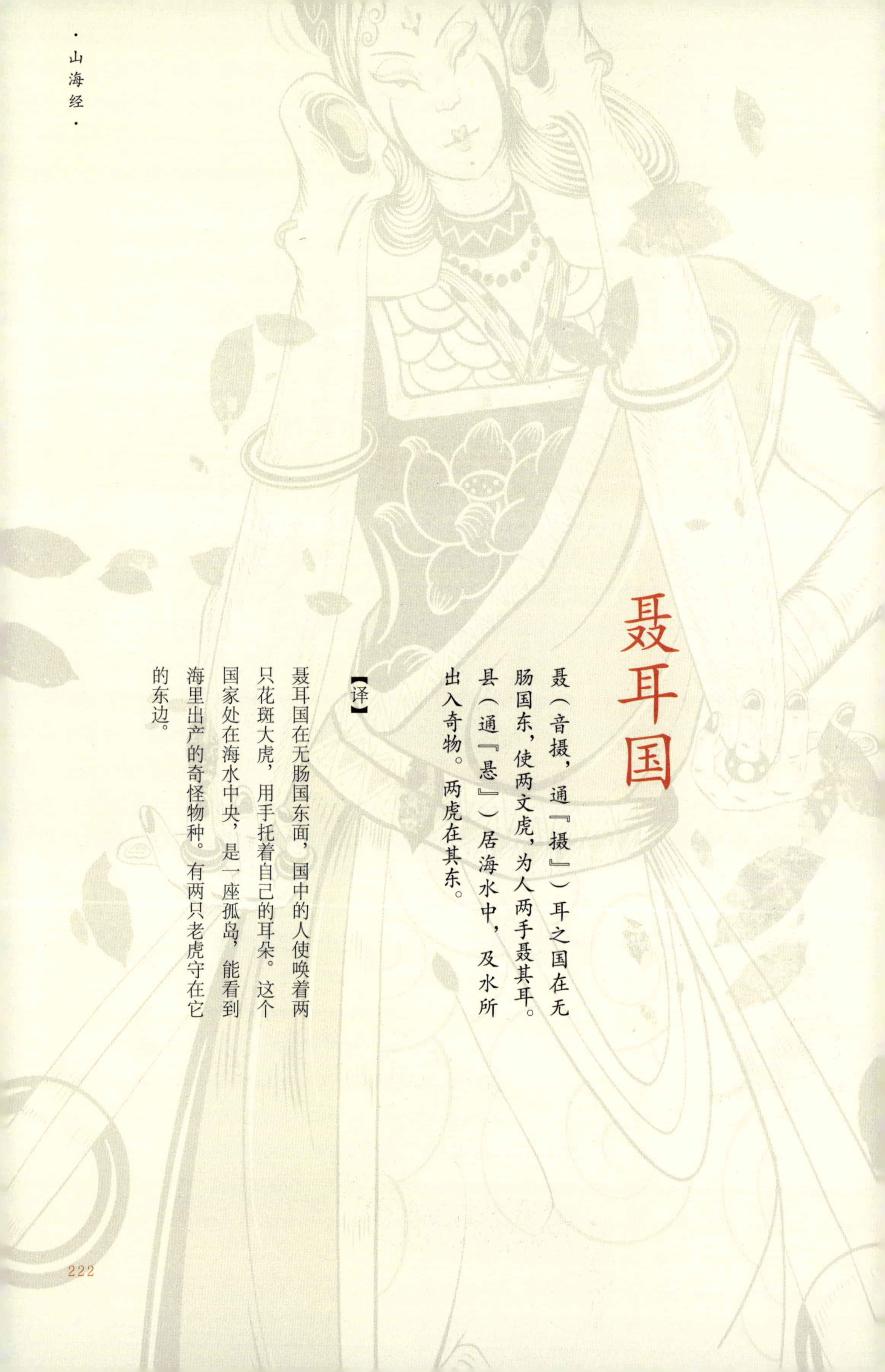

聂耳国

聂（音摄，通『摄』）耳之国在无肠国东，使两文虎，为人两手聂其耳。县（通『悬』）居海水中，及水所出入奇物。两虎在其东。

【译】

聂耳国在无肠国东面，国中的人使唤着两只花斑大虎，用手托着自己的耳朵。这个国家处在海水中央，是一座孤岛，能看到海里出产的奇怪物种。有两只老虎守在它的东边。

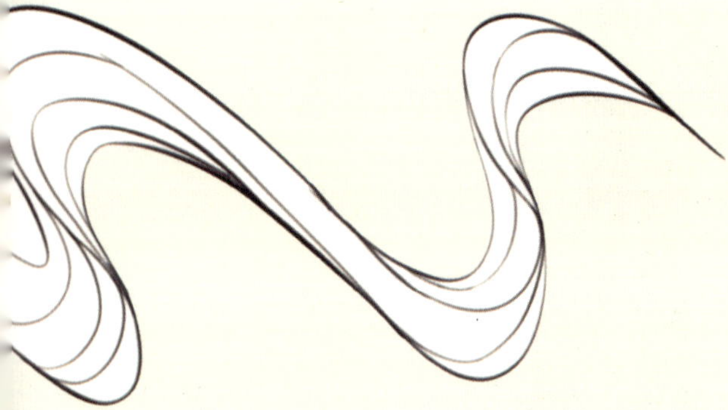

夸父

夸父与日逐走，入日。渴，欲得饮，饮于河渭，河渭不足，北饮大泽。未至，道渴而死。弃其杖，化为邓林。

【译】

夸父与太阳赛跑，渐渐追上了太阳。这时夸父干渴难耐，于是跑去黄河和渭河喝水，喝光后却仍是渴，于是又向北去喝大泽中的水。还没跑到，就在中途渴死了。他死时抛掉拐杖，拐杖落地变成了桃林。

禺彊

北方禺彊（音强），人面鸟身，珥两青蛇，践两青蛇。

【译】北方的禺彊神，长着人的面孔鸟的身子，耳朵上穿挂着两条青蛇，而脚下也踏着两条青蛇。

卷九·海外东经

奢比尸

奢比之尸在其北，兽身、人面、大耳，珥两青蛇。一曰肝榆之尸在大人北。

【译】

奢比尸神在大人国的北面，长着野兽的身子，人的面孔，大大的耳朵上穿挂着两条青蛇。另一种说法认为肝榆尸神在大人国的北面。

君子国

君子国在其北，衣冠带剑，食兽，使二文虎在旁，其人好让不争。有薰华草，朝生夕死。一曰在肝榆之尸北。

【译】

君子国在奢比尸神的北面，那里的人穿衣戴帽而腰间佩剑，吃走兽，听候使唤的两只花纹老虎在身旁，为人喜欢谦让而不喜欢争斗。那里有一种薰华草，早晨开花，傍晚凋谢。另一种说法认为君子国在肝榆尸神的北面。

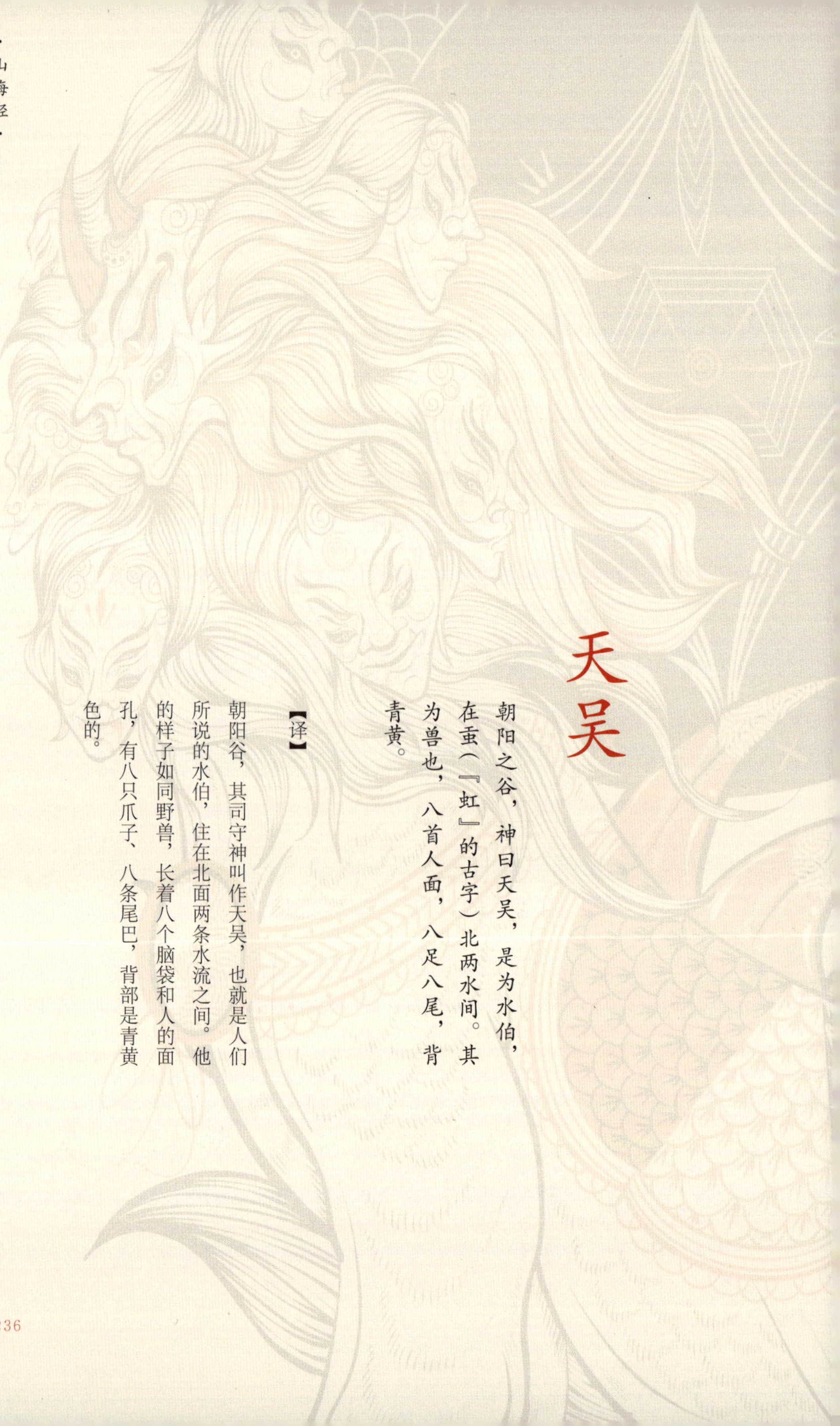

天吴

朝阳之谷，神曰天吴，是为水伯，在𧈪（『虹』的古字）北两水间。其为兽也，八首人面，八足八尾，背青黄。

【译】

朝阳谷，其司守神叫作天吴，也就是人们所说的水伯，住在北面两条水流之间。他的样子如同野兽，长着八个脑袋和人的面孔，有八只爪子、八条尾巴，背部是青黄色的。

雨师妾

雨师妾在其北。其为人黑，两手各操一蛇，左耳有青蛇，右耳有赤蛇。一曰在十日北，为人黑身人面，各操一龟。

【译】

雨师妾国在汤谷的北面。这个国家的人全身皮肤是黑色的，两只手各握着一条蛇，左边耳朵上穿挂青蛇，右边耳朵穿挂红蛇。另一种说法认为雨师妾国在十个太阳所在地的北面，国中的人身体是黑色的，长着人的面孔，两只手各握着一只龟。

卷十·海内南经

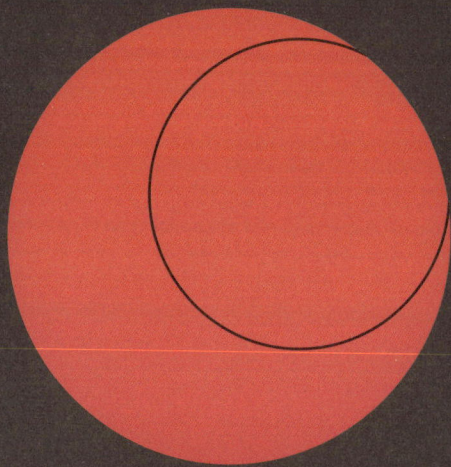

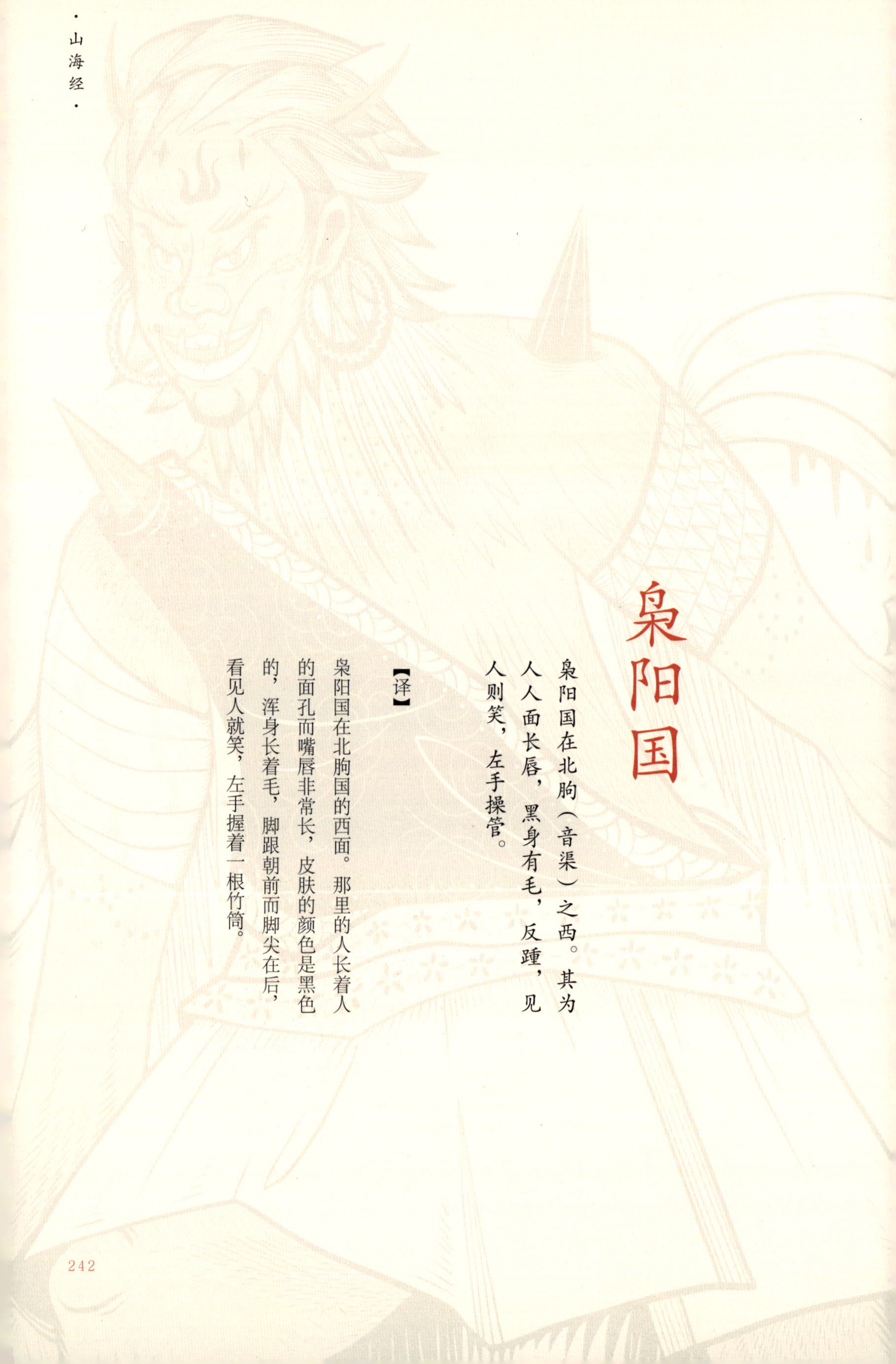

枭阳国

枭阳国在北朐（音渠）之西。其为人人面长唇，黑身有毛，反踵，见人则笑，左手操管。

【译】

枭阳国在北朐国的西面。那里的人长着人的面孔而嘴唇非常长，皮肤的颜色是黑色的，浑身长着毛，脚跟朝前而脚尖在后，看见人就笑，左手握着一根竹筒。

兕

兕在舜葬东，湘水南。其状如牛，苍黑，一角。

【译】

兕处在舜帝陵寝的东边，湘水以南。它的形状像牛，通体深青色，长着一只角。

巴蛇

巴蛇食象，三岁而出其骨，君子服之，无心腹之疾。其为蛇青黄赤黑。一曰黑蛇青首，在犀牛西。

【译】

巴蛇能吞下大象，三年后才吐出骨头，有才德的人吃了巴蛇的肉，就不患心痛或肚子痛之类的疾病。这种蛇的颜色是青、黄、红、黑等几种颜色混合在一起的。还有一种说法称巴蛇是黑色身子、青色脑袋，在犀牛所在地的西面。

卷十一·海内西经

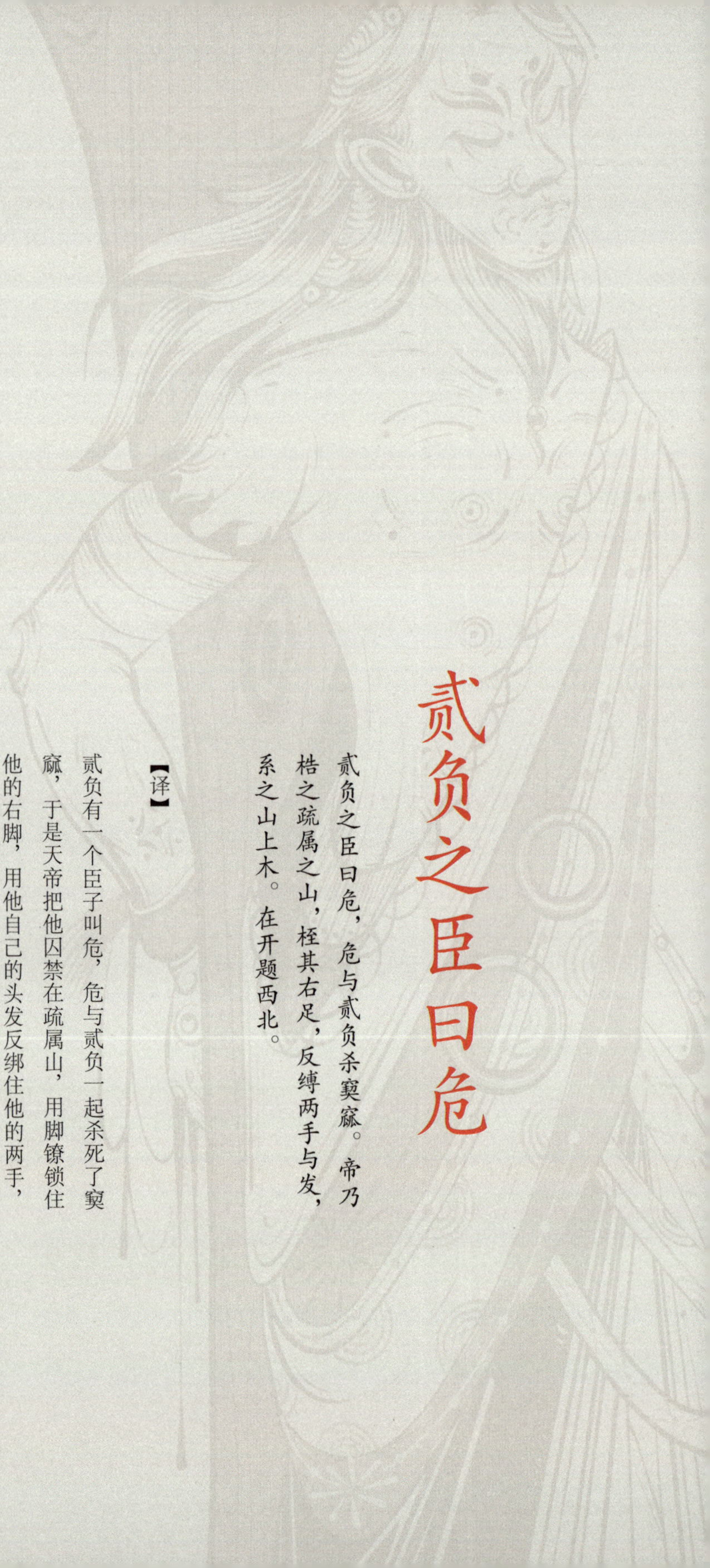

贰负之臣曰危

贰负之臣曰危，危与贰负杀窫窳。帝乃梏之疏属之山，桎其右足，反缚两手与发，系之山上木。在开题西北。

【译】

贰负有一个臣子叫危，危与贰负一起杀死了窫窳，于是天帝把他囚禁在疏属山，用脚镣锁住他的右脚，用他自己的头发反绑住他的两手，把他捆缚在山上的树上。这个地方在开题国的西北。

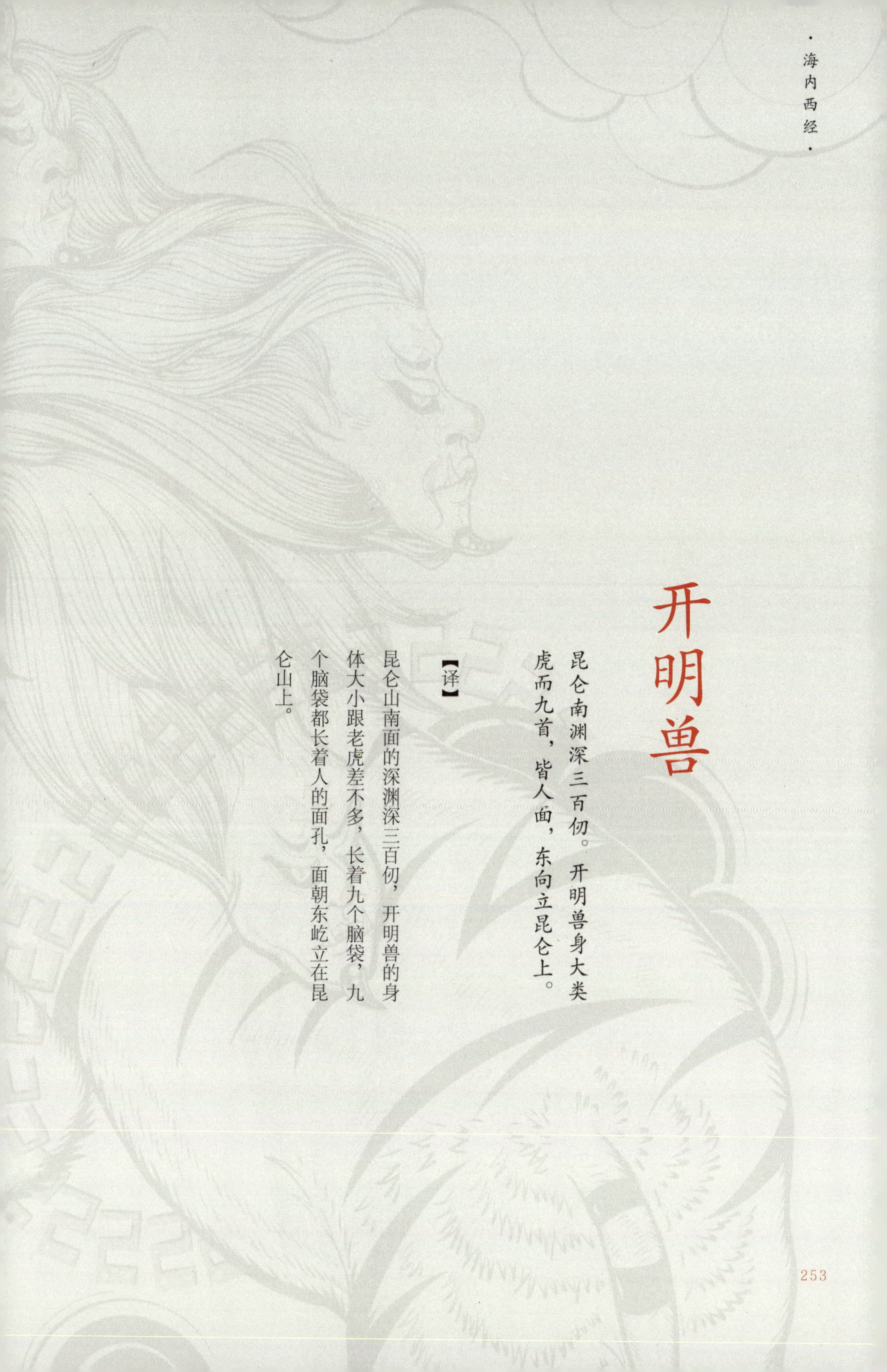

开明兽

昆仑南渊深三百仞。开明兽身大类虎而九首，皆人面，东向立昆仑上。

【译】

昆仑山南面的深渊深三百仞，开明兽的身体大小跟老虎差不多，长着九个脑袋，九个脑袋都长着人的面孔，面朝东屹立在昆仑山上。

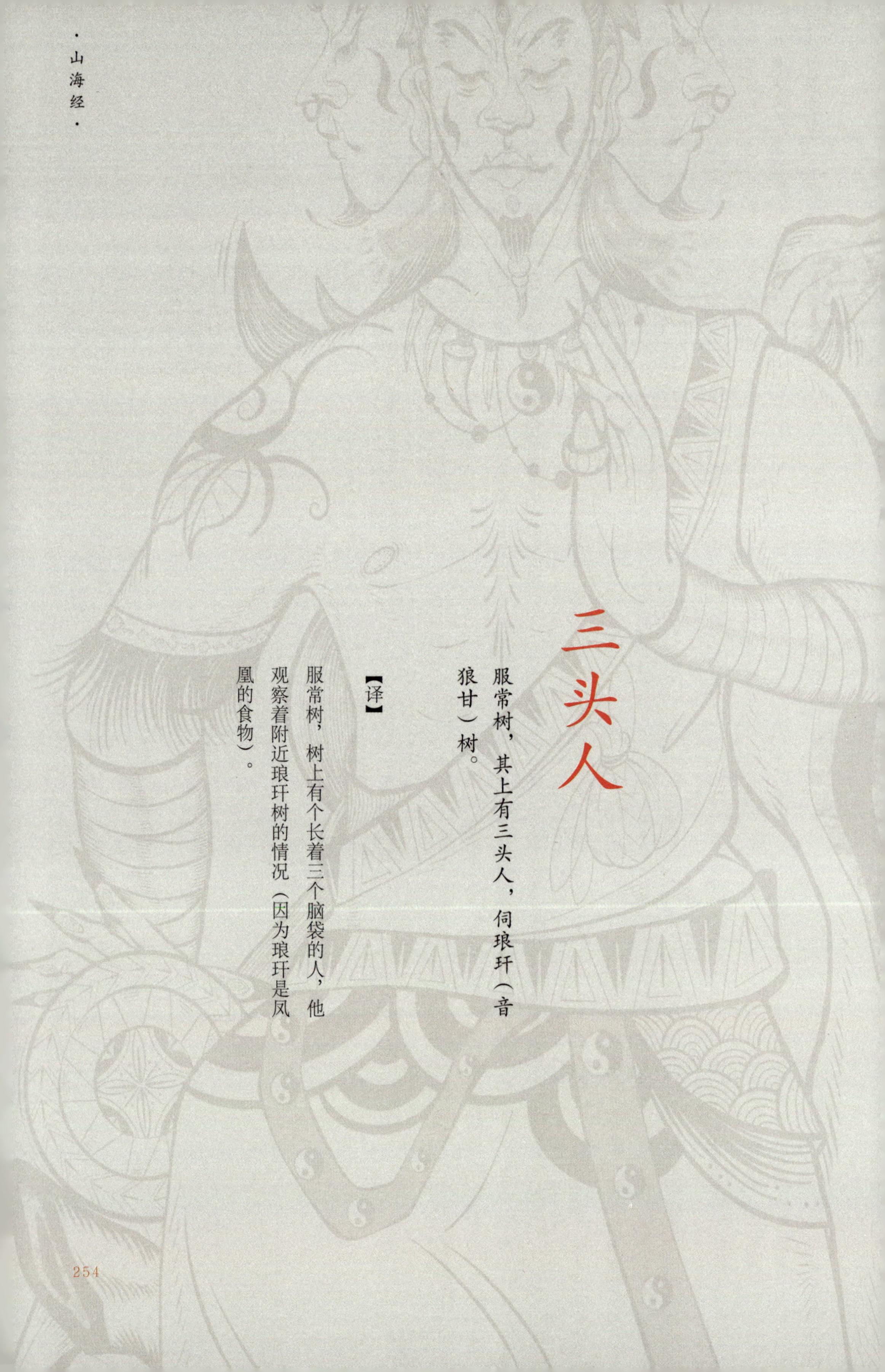

三头人

服常树，其上有三头人，伺琅玕（音狼甘）树。

【译】

服常树，树上有个长着三个脑袋的人，他观察着附近琅玕树的情况（因为琅玕是凤凰的食物）。

卷十二·海内北经

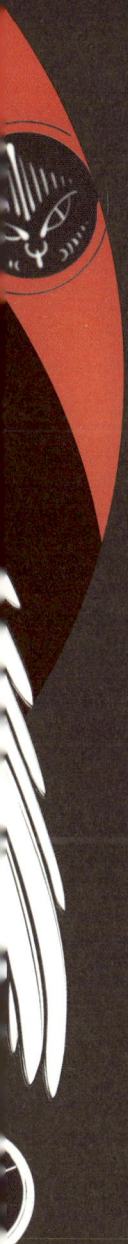

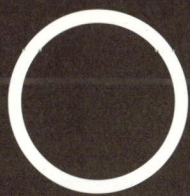

三青鸟

西王母梯几而戴胜，其南有三青鸟，为西王母取食。在昆仑虚北。

【译】

西王母依靠着小桌了，头上戴着玉胜。她的南面有三只青鸟，为她取食。西王母和这三只青鸟在昆仑山的北面。

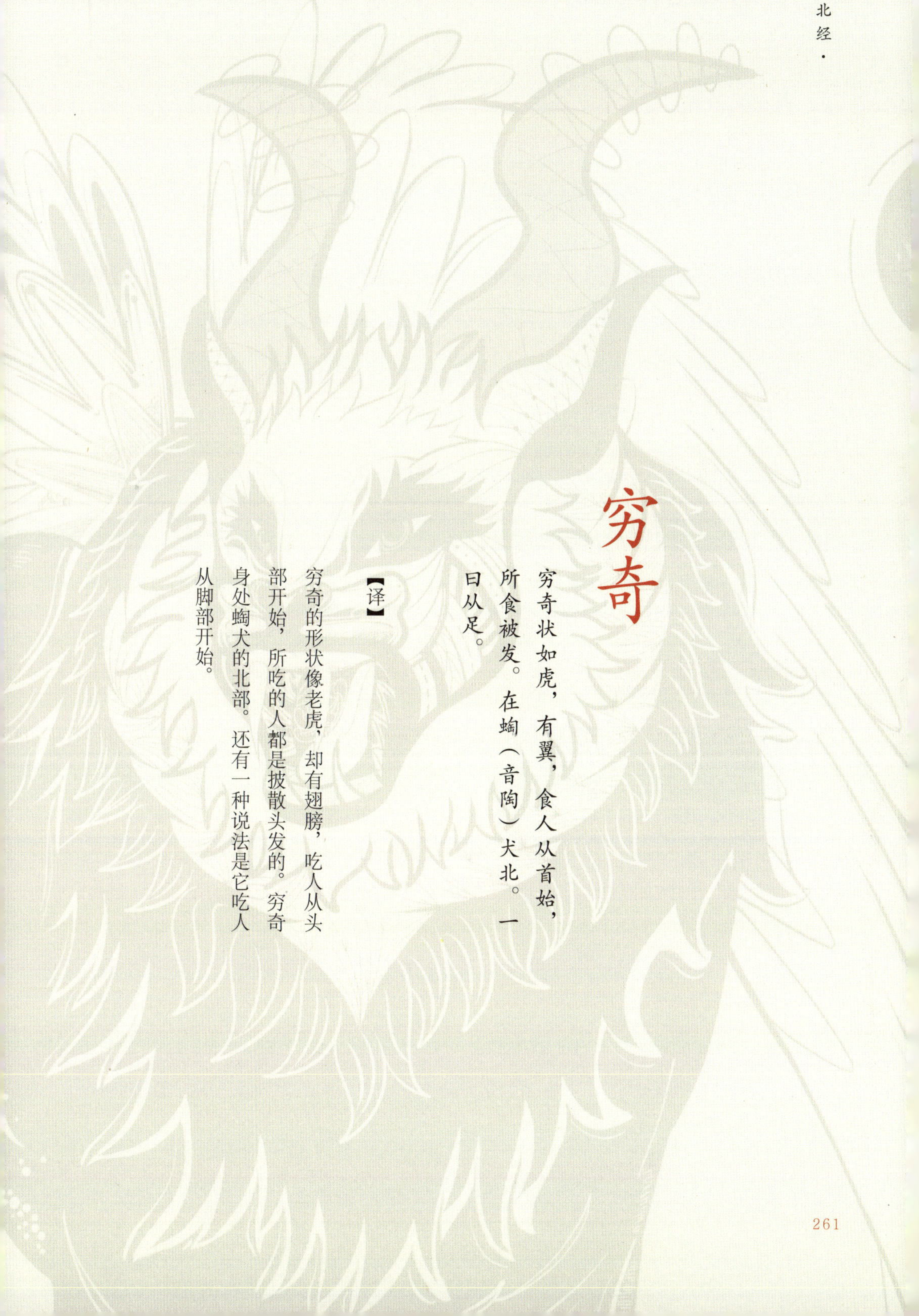

穷奇

穷奇状如虎，有翼，食人从首始，所食被发。在蜪（音陶）犬北。一曰从足。

【译】

穷奇的形状像老虎，却有翅膀，吃人从头部开始，所吃的人都是披散头发的。穷奇身处蜪犬的北部。还有一种说法是它吃人从脚部开始。

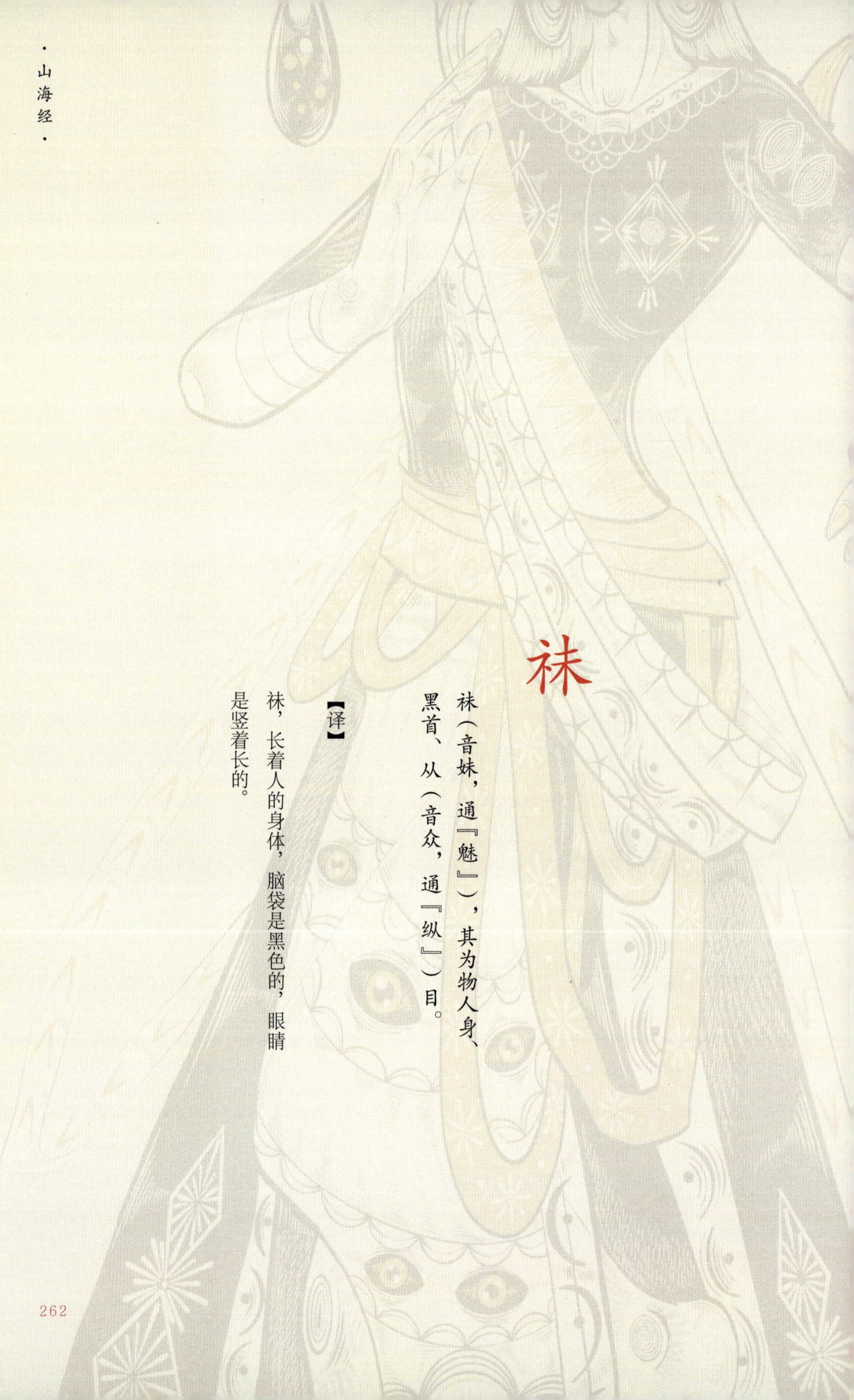

袜

袜（音妹，通『魅』），其为物人身、黑首、从（音众，通『纵』）目。

【译】

袜，长着人的身体，脑袋是黑色的，眼睛是竖着长的。

蓬莱

蓬莱山在海中。

【译】

蓬莱仙山在海里。

卷十三·海内东经

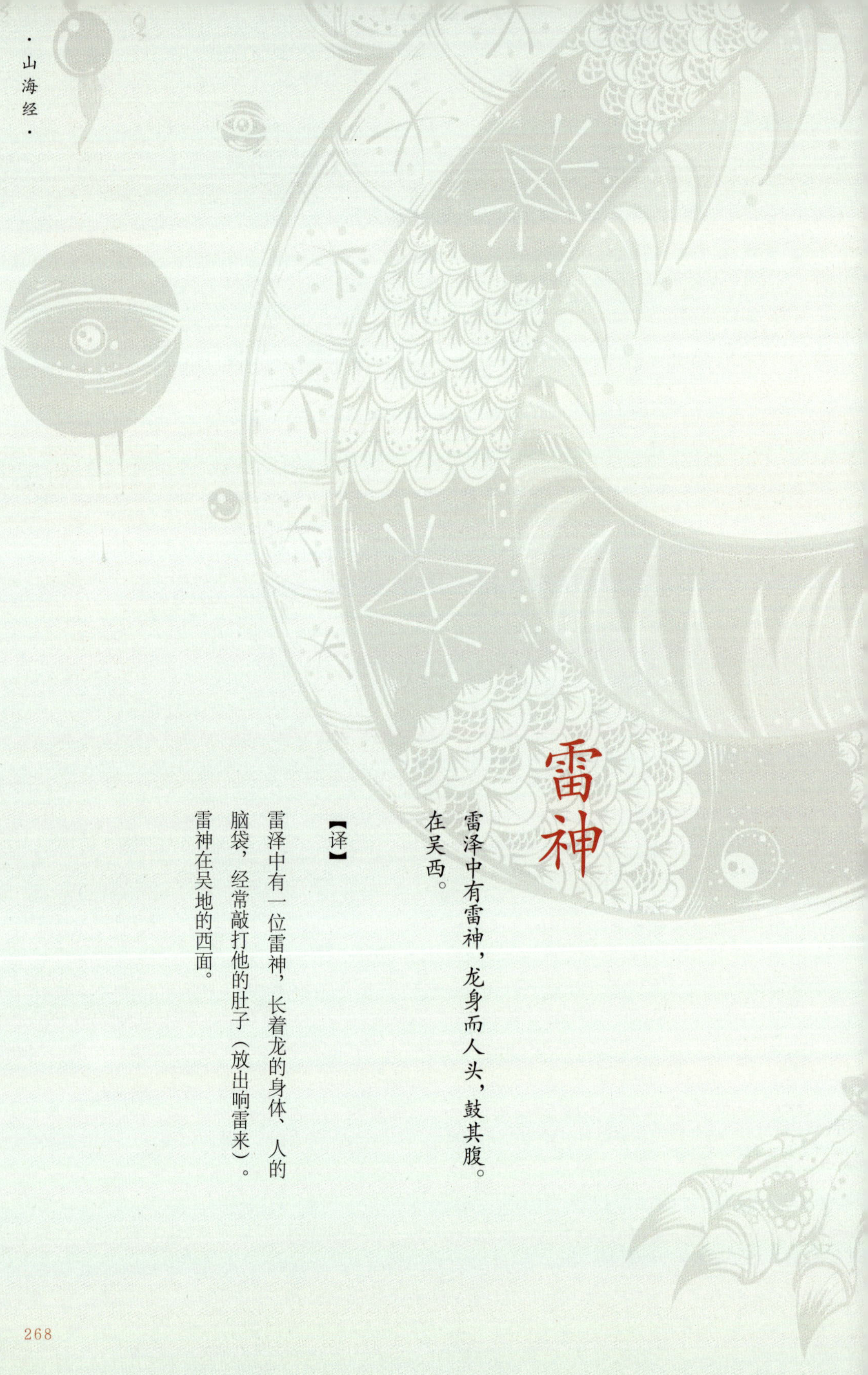

雷神

雷泽中有雷神，龙身而人头，鼓其腹。在吴西。

【译】

雷泽中有一位雷神，长着龙的身体、人的脑袋，经常敲打他的肚子（放出响雷来）。雷神在吴地的西面。

卷十四·大荒东经

大人国 小人国

有波谷山者，有大人之国。有大人之市，名曰大人之堂。有一大人踆其上，张其两臂。

有小人国，名靖人。

【译】

有个叫波谷山的地方，那里有个大人国。还有大人做买卖的市集，形状像堂屋，名叫大人堂。有一个大人蹲在上面，张开两臂。

有一个小人国，那里的人被叫作靖人。

禺虢

东海之渚中，有神，人面鸟身，珥两黄蛇，践两黄蛇，名曰禺虢（音浩）。黄帝生禺虢，禺虢生禺京，禺京处北海，禺虢处东海，是为海神。

【译】

在东海的洲岛上，有一位神，长着人的面孔、鸟的身体，耳朵上穿挂着两条黄蛇，脚下也踩着两条黄蛇，名字叫作禺虢。黄帝生下了禺虢，禺虢生下了禺京，禺京身处北海，禺虢身处东海，他们都是海神。

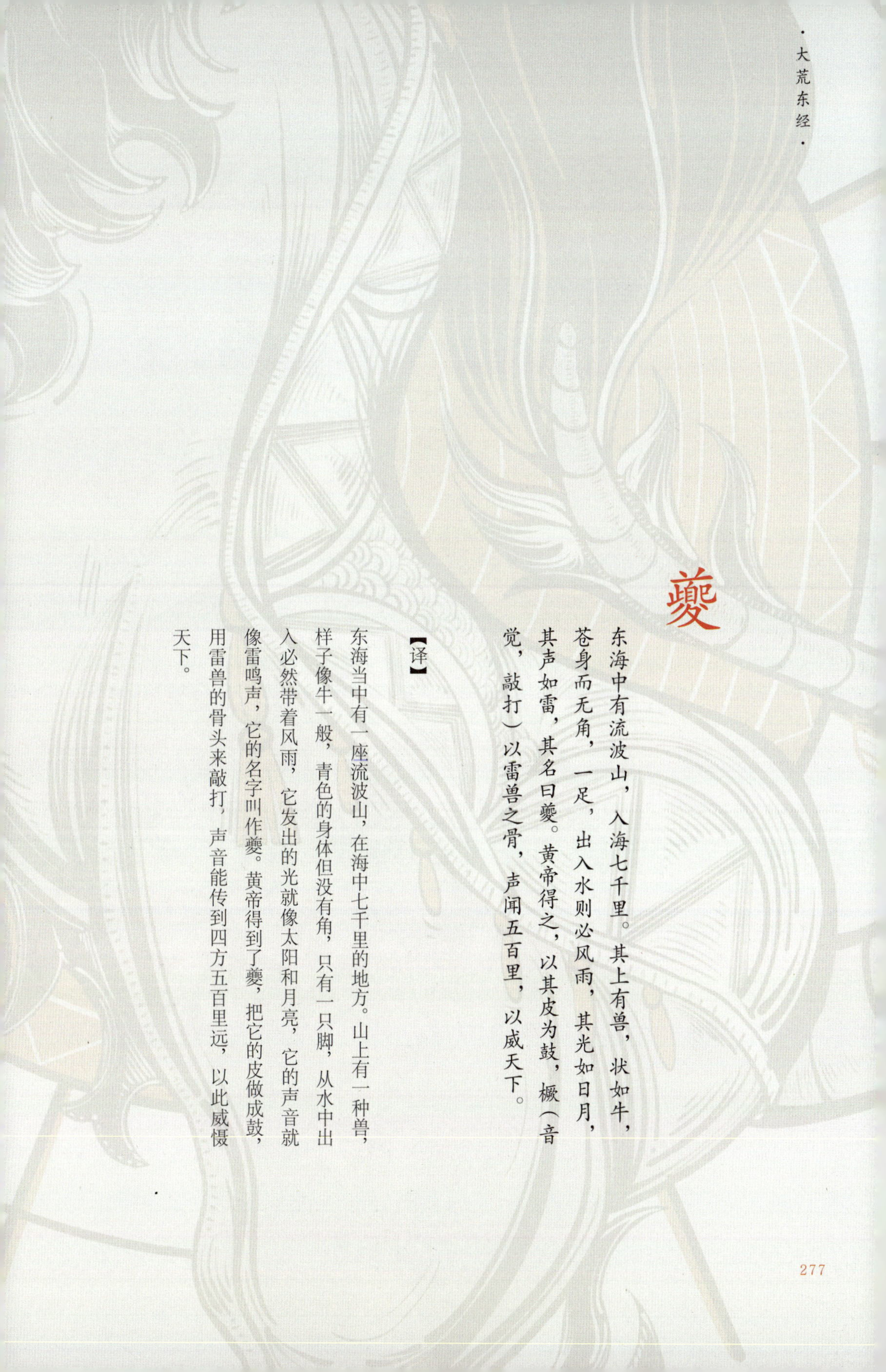

夔

东海中有流波山，入海七千里。其上有兽，状如牛，苍身而无角，一足，出入水则必风雨，其光如日月，其声如雷，其名曰夔。黄帝得之，以其皮为鼓，橛（音觉，敲打）以雷兽之骨，声闻五百里，以威天下。

【译】

东海当中有一座流波山，在海中七千里的地方。山上有一种兽，样子像牛一般，青色的身体但没有角，只有一只脚，从水中出入必然带着风雨，它发出的光就像太阳和月亮，它的声音就像雷鸣声，它的名字叫作夔。黄帝得到了夔，把它的皮做成鼓，用雷兽的骨头来敲打，声音能传到四方五百里远，以此威慑天下。

卷十五·大荒南经

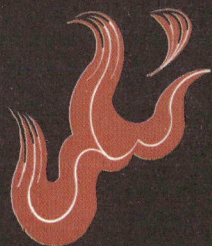

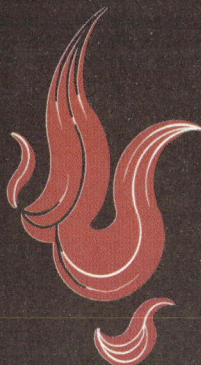

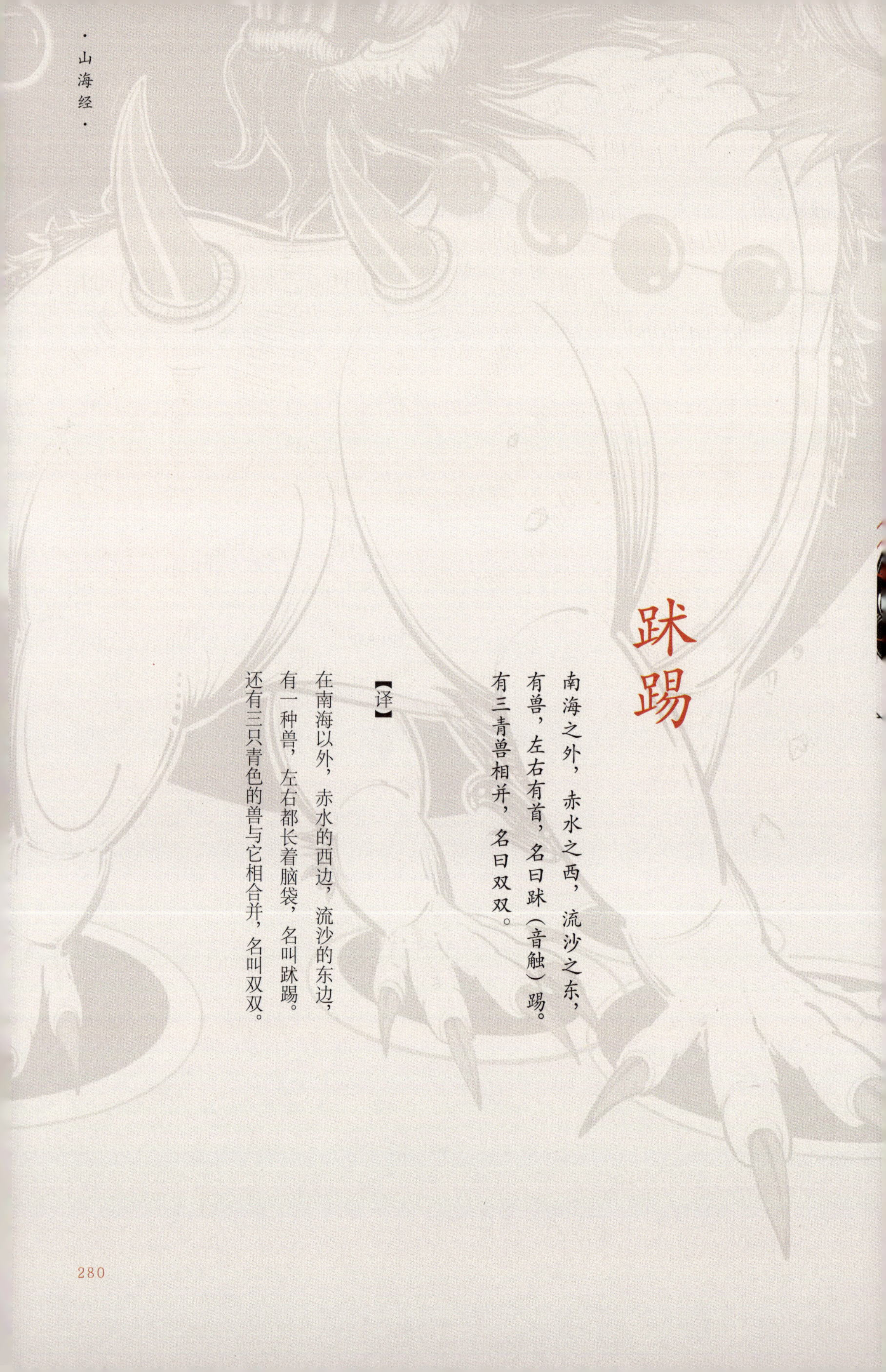

跊踢

南海之外，赤水之西，流沙之东，有兽，左右有首，名曰跊（音触）踢。有三青兽相并，名曰双双。

【译】

在南海以外，赤水的西边，流沙的东边，有一种兽，左右都长着脑袋，名叫跊踢。还有三只青色的兽与它相合并，名叫双双。

羽民国

又有成山，甘水穷焉……有羽民之国，其民皆生毛羽。

【译】

又有一座成山，甘水最终流到这里……这里有个羽民国，国民都长着羽毛。

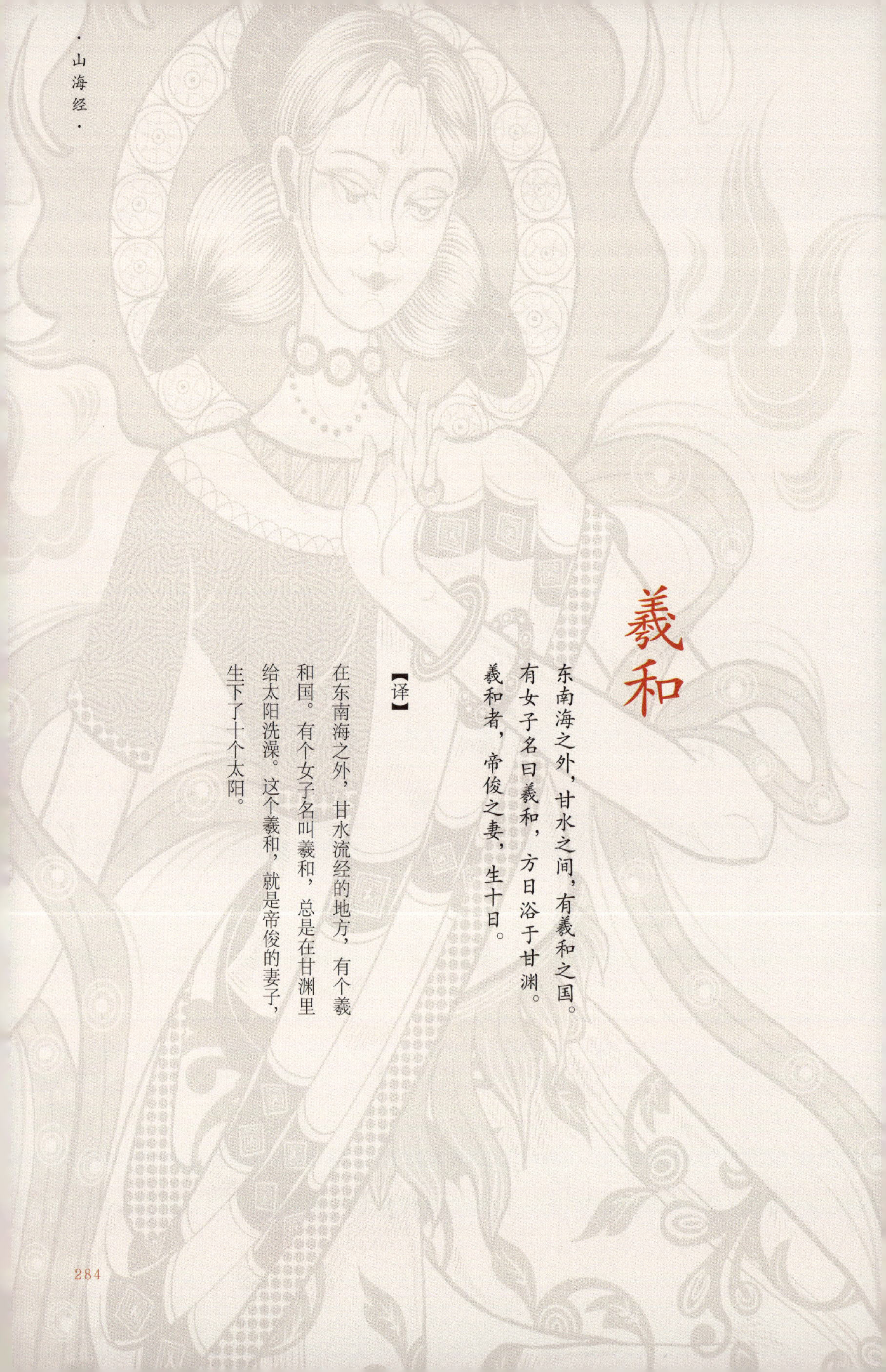

羲和

东南海之外，甘水之间，有羲和之国。有女子名曰羲和，方日浴于甘渊。羲和者，帝俊之妻，生十日。

【译】

在东南海之外，甘水流经的地方，有个羲和国。有个女子名叫羲和，总是在甘渊里给太阳洗澡。这个羲和，就是帝俊的妻子，生下了十个太阳。

卷十六·大荒西经

不周山

西北海之外，大荒之隅，有山而不合，名曰不周，有两黄兽守之。有水曰寒暑之水。水西有湿山，水东有幕山。有禹攻共工国山。

【译】

在西北海以外，大荒的角落，有座断裂合不拢的山，名叫不周山，有两头黄色的野兽守护着它。有一条水叫寒暑水。寒暑水的西边有座湿山，东面有座幕山。还有一座禹攻共工国山。

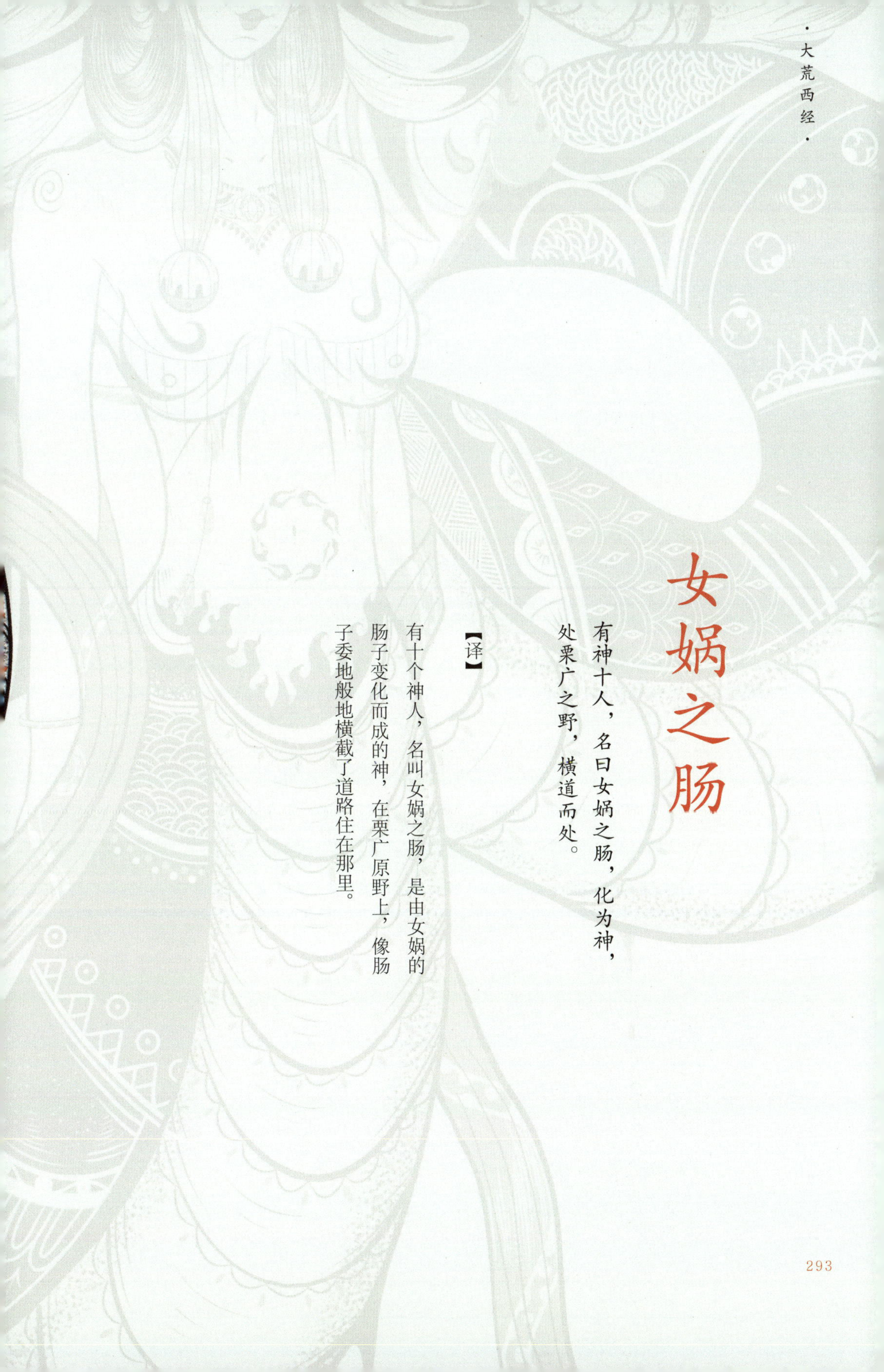

女娲之肠

有神十人，名曰女娲之肠，化为神，处栗广之野，横道而处。

【译】

有十个神人，名叫女娲之肠，是由女娲的肠子变化而成的神，在栗广原野上，像肠子委地般地横截了道路住在那里。

沃野

有西王母之山、壑山、海山。有沃民之国，沃民是处。沃之野，凤鸟之卵是食，甘露是饮。凡其所欲，其味尽存。爰有甘华、甘柤、白柳、视肉、三骓、璇瑰、瑶碧、白木、琅玕、白丹、青丹，多银、铁。鸾鸟自歌，凤鸟自舞，爰有百兽，相群是处，是谓沃之野。

【译】

有西王母山、壑山、海山。有个沃民国就坐落在这些山里，沃民在这里居住。生活在沃民国原野上的人，吃的是凤鸟产的蛋，喝的是天降的甘露。凡是他们渴望的美味，都能在其中尝到。这里还有甘华树、甘柤树、白柳树、怪兽视肉、三骓马、璇瑰玉石、瑶玉碧玉、白木树、琅玕树、白丹、青丹，多出产银、铁。鸾鸟自由自在地歌唱，凤鸟自由自在地舞蹈，还有各种野兽，群居相处，所以称作沃野。

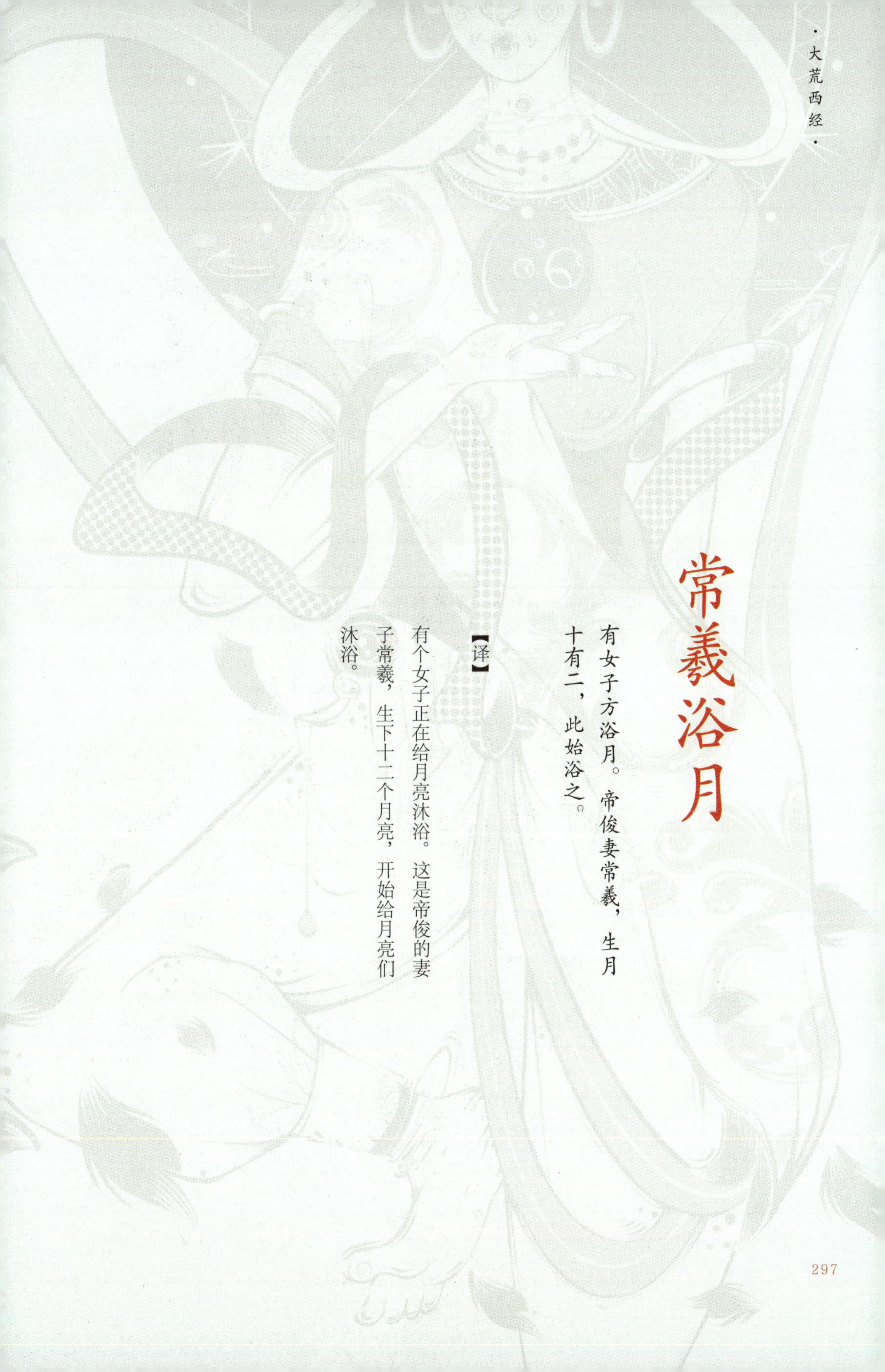

常羲浴月

有女子方浴月。帝俊妻常羲，生月十有二，此始浴之。

【译】

有个女子正在给月亮沐浴。这是帝俊的妻子常羲，生下十二个月亮，开始给月亮们沐浴。

卷十七·大荒北经

九凤

大荒之中，有山名曰北极天柜，海水北注焉。有神，九首人面鸟身，名曰九凤。

【译】

大荒之中，有座山名叫北极天柜，海水从北面流入这里。有一个神人，长着九个脑袋，人的面孔，鸟的身子，名字叫九凤。

魃

有系昆之山者，有共工之台，射者不敢北乡。有人衣青衣，名曰黄帝女魃（音拔）。蚩尤作兵伐黄帝，黄帝乃令应龙攻之冀州之野。应龙畜水，蚩尤请风伯雨师，纵大风雨。黄帝乃下天女曰魃，雨止，遂杀蚩尤。魃不得复上，所居不雨。叔均言之帝，后置之赤水之北。叔均乃为田祖。魃时亡之。所欲逐之者，令曰：『神北行！』先除水道，决通沟渎。

【译】

有一座叫系昆的山，上面有座共工台，射箭的人因敬畏共工而不敢朝北方拉弓射箭。有一个穿着青色衣服的人，名叫魃，是黄帝的女儿。蚩尤制造了兵器用来攻打黄帝，黄帝于是派应龙到冀州的原野去攻打蚩尤。应龙事先积蓄了很多水。蚩尤便请来风伯和雨师掀起一场大风雨。黄帝就降下名为魃的天女去助战，风雨被止住，这才杀死了蚩尤。但因此女魃不能够再回到天上，她所居之处干旱无雨。有个叫叔均的人将此事禀报给黄帝，黄帝后来就把女魃安置在赤水的北面居住。让叔均做了掌管田地的神。女魃经常逃离驻地，所到之处干旱无雨。想驱逐她的人便祷告说：『神啊，请向北去吧！』事先要清理水道，疏通大小沟渠。

卷十八·海内经

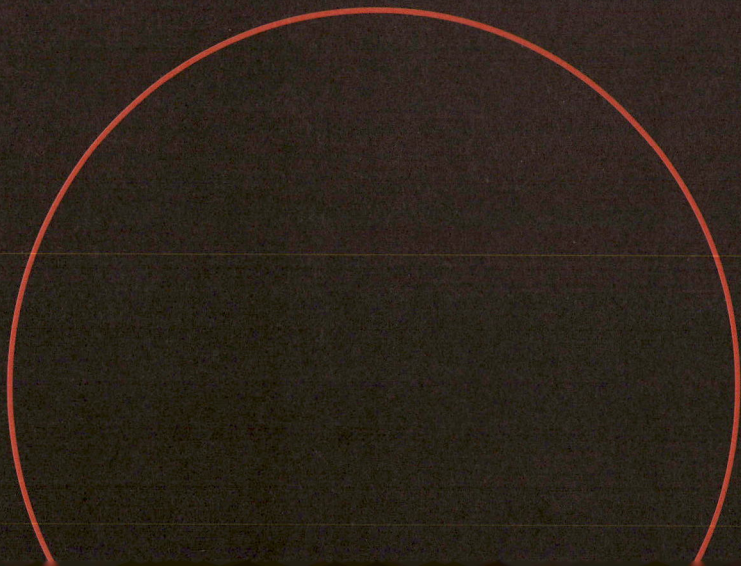

韩流

流沙之东，黑水之西，有朝云之国、司彘之国。黄帝妻雷祖，生昌意。昌意降处若水，生韩流。韩流擢首、谨耳、人面、豕喙、麟身、渠股、豚止（『足』的本字），取淖子曰阿女，生帝颛顼（音专虚）。

【译】

在流沙的东边，黑水的西岸，有朝云国、司彘国。黄帝的妻子雷祖生下昌意。昌意降临到若水居住，生下韩流。韩流长着长长的脑袋，似被牵拉过一样，有小耳朵、人的面孔、猪的嘴、麒麟的身子、罗圈腿，还有一对小猪蹄子，娶淖子族人阿女为妻，阿女生下帝王颛顼。

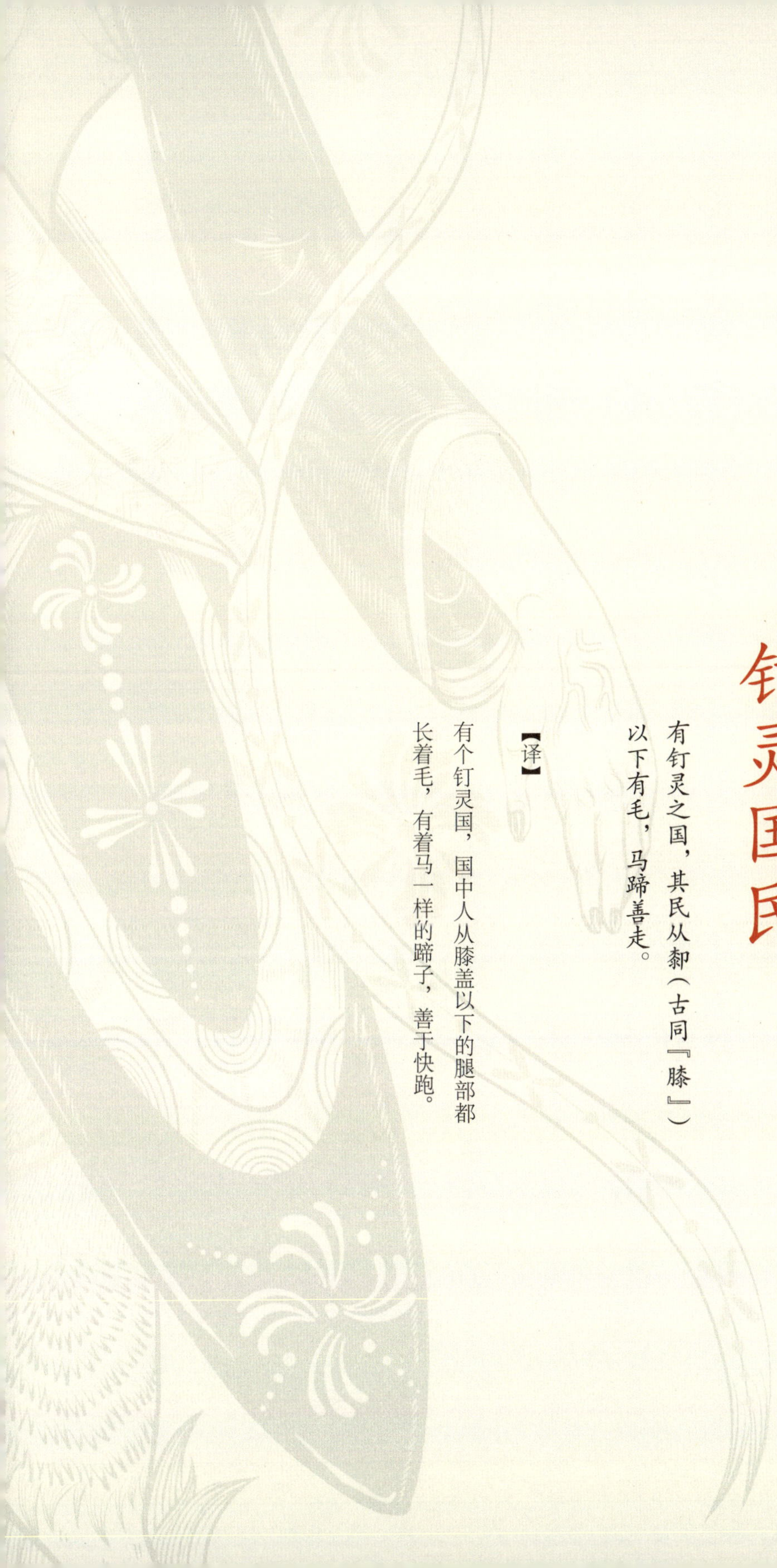

钉灵国民

有钉灵之国，其民从厀（古同『膝』）以下有毛，马蹄善走。

【译】

有个钉灵国，国中人从膝盖以下的腿部都长着毛，有着马一样的蹄子，善于快跑。

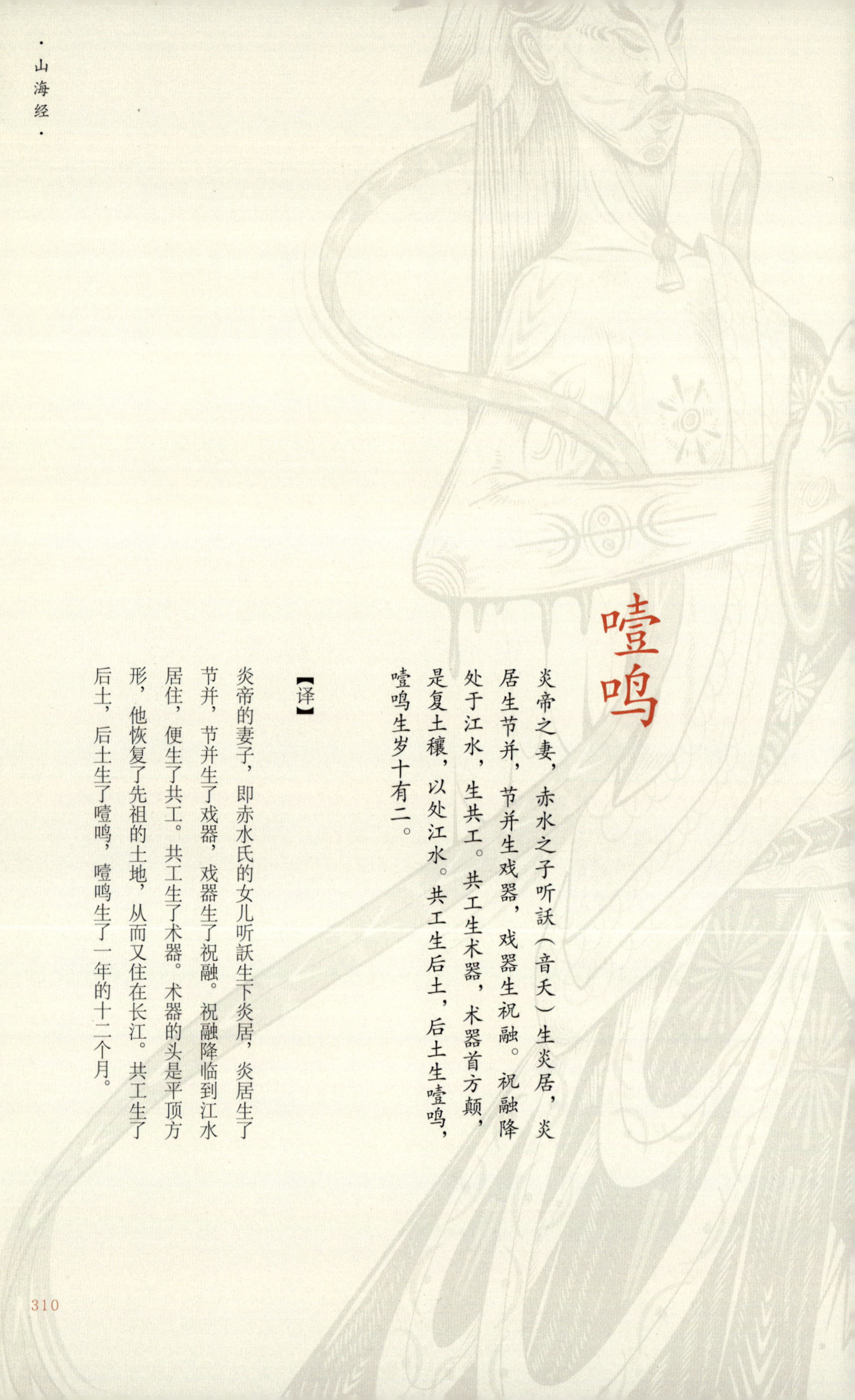

噎鸣

炎帝之妻，赤水之子听訞（音夭）生炎居，炎居生节并，节并生戏器，戏器生祝融。祝融降处于江水，生共工。共工生术器，术器首方颠，是复土穰，以处江水。共工生后土，后土生噎鸣，噎鸣生岁十有二。

【译】

炎帝的妻子，即赤水氏的女儿听訞生下炎居，炎居生了节并，节并生了戏器，戏器生了祝融。祝融降临到江水居住，便生了共工。共工生了术器。术器的头是平顶方形，他恢复了先祖的土地，从而又住在长江。共工生了后土，后土生了噎鸣，噎鸣生了一年的十二个月。

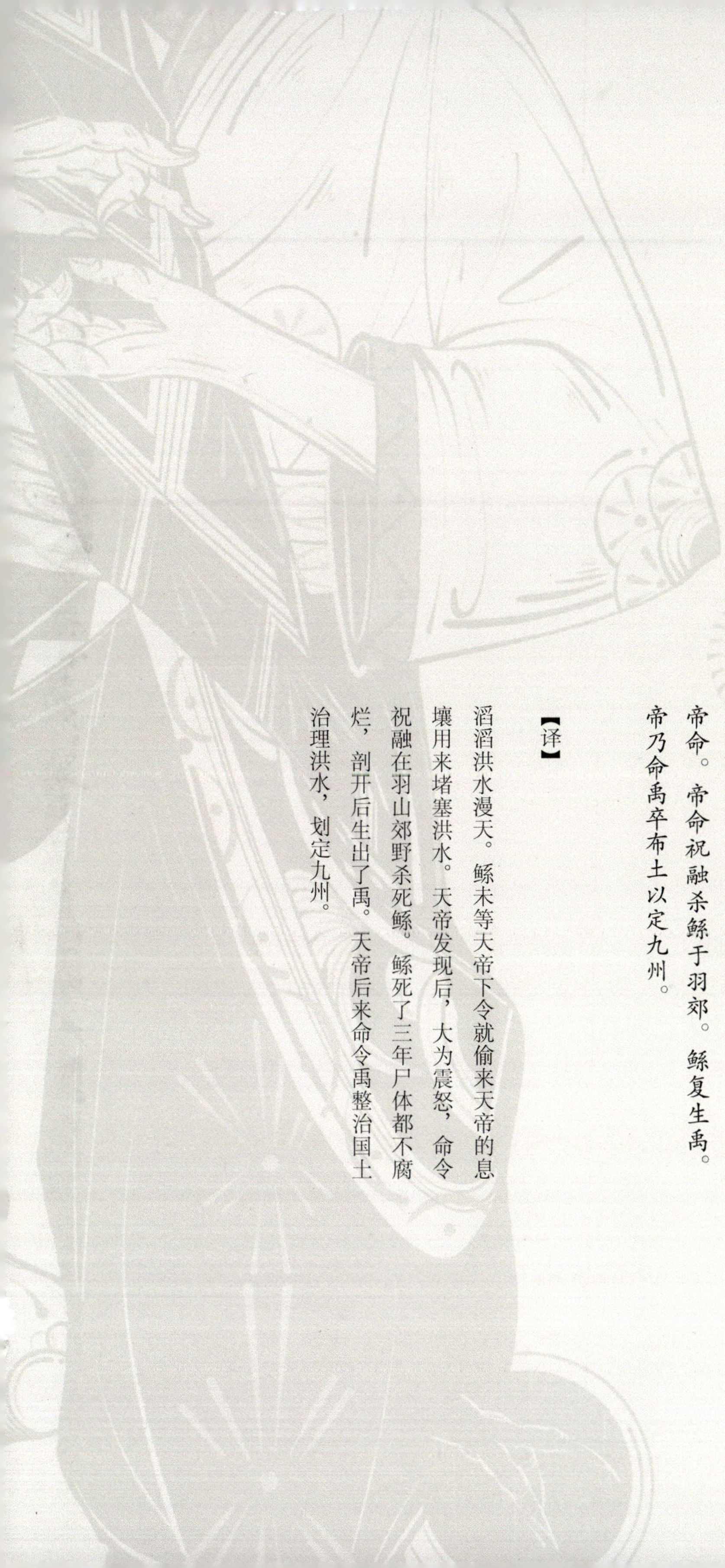

鲧治水

洪水滔天。鲧窃帝之息壤以堙洪水，不待帝命。帝命祝融杀鲧于羽郊。鲧复生禹。帝乃命禹卒布土以定九州。

【译】

滔滔洪水漫天。鲧未等天帝下令就偷来天帝的息壤用来堵塞洪水。天帝发现后，大为震怒，命令祝融在羽山郊野杀死鲧。鲧死了三年尸体都不腐烂，剖开后生出了禹。天帝后来命令禹整治国土治理洪水，划定九州。

图书在版编目（CIP）数据

山海经：百绘卷 / 赵元译注；袁艺文绘. -- 北京：台海出版社，2021.2（2024.12重印）
ISBN 978-7-5168-2830-4

Ⅰ. ①山… Ⅱ. ①赵… ②袁… Ⅲ. ①历史地理－中国－古代②《山海经》－研究 Ⅳ. ①K928.626

中国版本图书馆CIP数据核字(2020)第239033号

山海经：百绘卷

译　注：赵　元　　　绘　者：袁艺文

责任编辑：曹任云　　　版式设计：VIOLET
封面设计：末末美书

出版发行：台海出版社
地　址：北京市东城区景山东街20号　邮政编码：100009
电　话：010-64041652（发行，邮购）
传　真：010-84045799（总编室）
网　址：www.taimeng.org.cn/thcbs/default.htm
E-mail：thcbs@126.com

经　销：全国各地新华书店
印　刷：天津光之彩印刷有限公司
本书如有破损、缺页、装订错误，请与本社联系调换

开　本：710毫米×1000毫米　1/16
字　数：190千字　　　印　张：21
版　次：2021年2月第1版　　　印　次：2024年12月第5次印刷
书　号：ISBN 978-7-5168-2830-4

定　价：138.00元

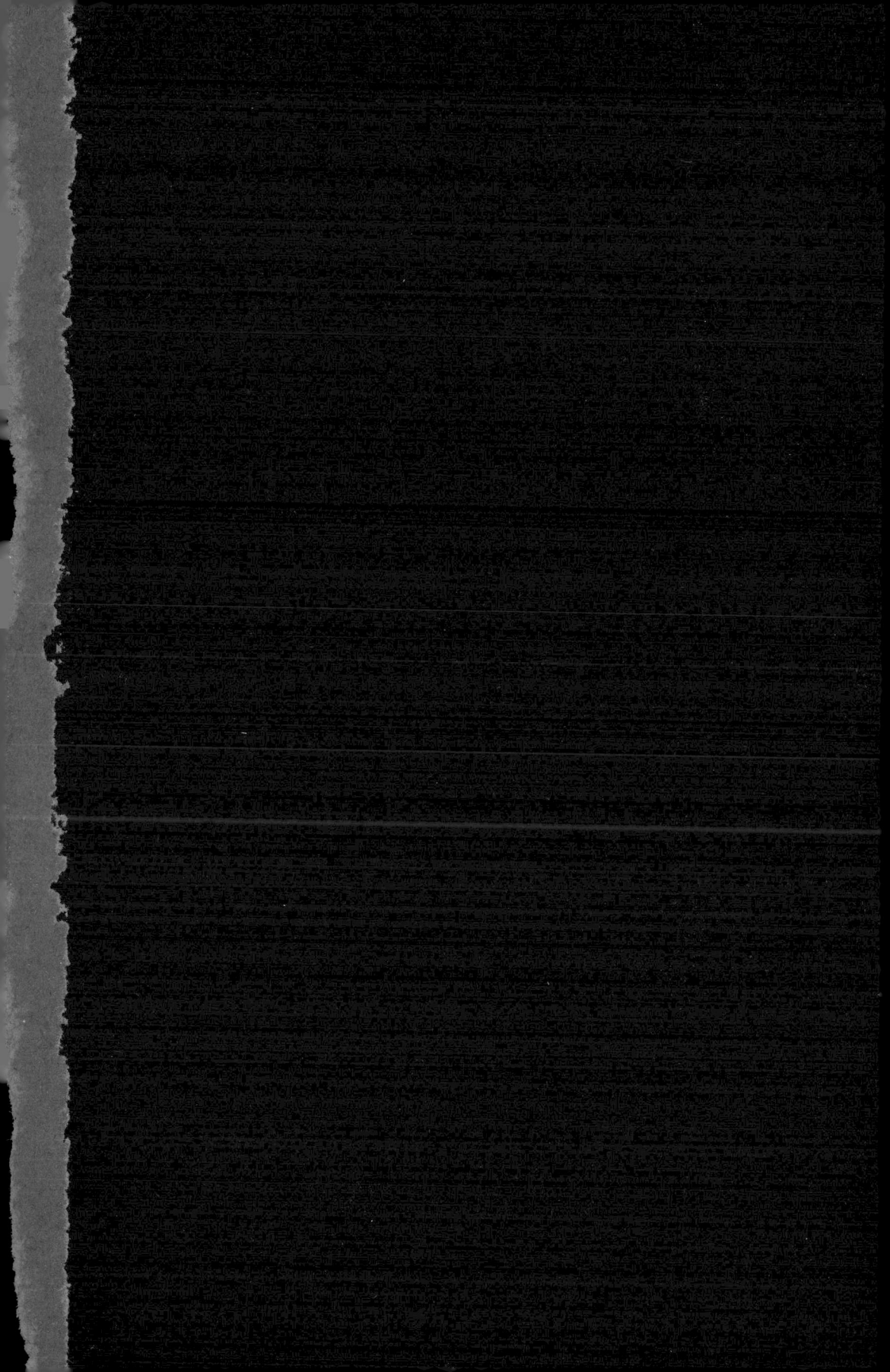

泛览《周王传》，流观《山海》图。
俯仰终宇宙，不乐复何如？

——陶渊明

上架建议：经典·文学

ISBN 978-7-5168-2830-4

定价：138.00元

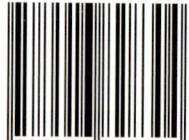